Scriptor Praxis

RALF DORNBUSCH
KLAUS TRELEWSKY

Keine Angst vor Projektarbeit! So gelingen Themenfindung, Umsetzung und Bewertung

Cornelsen

Die Autoren

Ralf Dornbusch ist Gymnasiallehrer für die Fächer Geschichte und Sport. Seit 1997 hat er an verschiedenen Schulformen in der Sekundarstufe I und II unterrichtet – Realschule, Oberschule, Gymnasium. Er entwickelte mit dem Kollegium der Realschule Enger, Nordrhein-Westfalen, ein Konzept zur Förderung der Lernkompetenz, das in drei Bänden vorliegt. Derzeit unterrichtet Ralf Dornbusch an der Wilhelm-Focke-Oberschule und an der Oberschule Rockwinkel in Bremen.
Ralf Dornbusch ist zudem Herausgeber der Sportmethodik sowie zahlreicher Veröffentlichungen zum kompetenzorientierten Unterrichten im Sport.

Klaus Trelewsky ist seit 2002 Gymnasiallehrer für die Fächer Deutsch und Englisch. Er unterrichtet am Alexander-von-Humboldt-Gymnasium in Bremen in der Sekundarstufe I und II. Als Jahrgangsleiter ist Klaus Trelewsky für die Organisation der Berufsorientierung sowie des schulinternen Methodencurriculums in der Sekundarstufe I und II verantwortlich. Darüber hinaus ist er Mitglied der Kommission zur Erstellung der zentralen Abiturpüfungsaufgaben für das Fach Englisch in Bremen.

Projektleitung: Gabriele Teubner-Nicolai, Berlin
Redaktion: Daniela Brunner, Korschenbroich
Umschlagkonzept: Kerstin Zipfel, München
Umschlaggestaltung: LemmeDESIGN, Berlin
Umschlagfoto: ddp images / ddp images
Layout/technische Umsetzung: LemmeDESIGN, Berlin

www.cornelsen.de

1. Auflage 2016

Druck: AZ Druck und Datentechnik GmbH, Kempten

ISBN 978-3-589-15040-3

PEFC
PEFC/04-31-2260

PEFC zertifiziert
Dieses Produkt stammt aus nachhaltig bewirtschafteten Wäldern und kontrollierten Quellen.

www.pefc.de

Inhaltsverzeichnis

Einleitung

Ich kann freilich nicht sagen ob es besser werden wird, wenn es anders wird; aber so viel kann ich sagen, es muss anders werden, wenn es gut werden soll.
(Georg Christoph Lichtenberg)

Dieses Buch bietet Ihnen Anregungen für die schulische Praxis auf drei Ebenen. Sie können unsere Beispiele und Materialien als Praxisleitfaden nutzen, wenn Sie Projekte durchführen wollen oder müssen. Andererseits haben wir uns auch darum bemüht, aufzuzeigen, wo und wie schulische Strukturen verändert und angepasst werden können, um Projektarbeit im Rahmen von Schulentwicklung implementieren zu können. Darüber hinaus haben wir in unserer Arbeit festgestellt, dass schulische Systeme vielfach Anlass zur Kritik bieten. So werden Sie Gedanken und Anregungen finden, die zu einer Verbesserung der Kommunikation und der Organisation von Schule führen sollen.
Beginnen wir mit einem Beispiel aus der Praxis. Zunächst der Eintrag von *Bayernlars* in unveränderter Fassung vom 26. 10. 2011:

Hallo :-)
Also ich muss bald mit meiner Gruppe (Ins. 4 Personen) eine Projektprüfung in der hauptschule machen , da es auch um meinen Abschluss geht möchte ich natühlich eine 1–2 habe.
Leider haben wir ein Problem mit dem Thema . Wir hatten zwar schon selber einfällte wie z. b. : Die Zwillingstürme in den Usa (Terroranschlag) , Hittler's Judenausrottung , Konzentrationslager und die Weltmacht Amerika (Kriege , Finanzprobleme , Wirstschaft)
Leider haben wir nur 4 Tage vorbereitung um die Themen zu erarbeiten und wir haben in der Prüfung nur 20 Minuten Zeit um alles WICHTIGE zu erwähnen . Dies ist sehr wenig Zeit für die oben genannten Themen.
Deswegen wollte ich frage ob ihr eins dieser Themen auswählen würdet oder ob ihr mir ein anderes vorschlagen könnte?
Danke :)
Rechtschreibfehler tun mir leid :)
(http://www.gutefrage.net/frage/projektpruefung-thema-hauptschule-9-klasse)

Und nun in einem anderen Zusammenhang die Antwort von *Mia,* einer Lehrerin aus Hessen, auf einen Hilferuf nach Unterstützung bei der Durchführung einer Projektprüfung vom 10. 1. 2006:

Hallo MrsX,
ich glaube, das wird derzeit an den verschiedenen Schulen noch sehr unterschiedlich gehandhabt, von daher würde ich im Vorfeld schon mal bei Kollegen genauer nachhaken, wie das bei euch so läuft.
Bei uns ist es so, dass die betreuenden Lehrer dann doch sehr viel geholfen haben. Das Thema einzugrenzen hat alle Schüler immens überfordert und daher war es immer notwendig, bei der Eingrenzung doch recht aktiv mitzuhelfen.
Bei der Materialsuche habe ich persönlich nicht mitgeholfen, weil ich das vorher mit meinen Schülern schon entsprechend geübt hatte und sie das gut konnten. Von Kollegen weiß ich aber, dass es auch in dem Bereich große Unterstützung gab.
Allerdings würde ich das auch davon abhängig machen, wie bei euch an die Schule die Ausstattung hinsichtlich Internet und Bücherei aussieht. Wenn die Bedingungen eher nicht so gut sind, denke ich schon, dass man da als Lehrer etwas mehr unterstützen muss.
Beim Erarbeiten musste ich bei manchen Gruppen auch recht aktiv helfen: bei der Erstellung des Zeitplans, bei der Umsetzung der Planung und natürlich auch bei inhaltlichen Aspekten.
Nur Aufsicht machen, wird bestimmt schwierig. Und ich denke, es erschwert sogar die Bewertung. Im Gespräch mit den Schülern habe ich ja noch viel genauer erfahren, was sie konnten und wussten und konnte so etwas dann auch in die Bewertung einfließen lassen. Sonst ist es zum Teil viel zu schwer, zu erkennen, was jeder Einzelne in der Gruppe geleistet hat.
So toll die Projekte zwar werden, aber ich bin heilfroh, dass ich dieses Jahr nicht dabei bin und auf diesen Bewertungsmarathon verzichten kann. Gott, war das heftig …
Aber trotzdem wünsche ich dir viel Spaß. Insbesondere die Durchführungsphase ist wirklich toll, wenn man sieht, was die Schüler so alles zustande bringen. Und da geht dann auch wirklich eine ganze Menge.
LG

(http://www.lehrerforen.de/board921-lehramt/board7-sekundarstufe-i-sekundarstufe-ii-berufsschule/7856-projektpruefung/)

Beide Beiträge offenbaren in schonungsloser Art und Weise, woran es in der Praxis mangelt, wenn in Hinterzimmern von Bildungs- und Erziehungsministerien oder senatorischen Behörden Bildungsreformen Einzug in Prüfungsordnungen halten. Es mangelt an:

- umfassender und motivierender Sinnstiftung,
- klaren Zielformulierungen und Strukturen,
- der Fähigkeit zur Eingrenzung von Inhalten und Themen,
- der Konkretisierung von Umsetzungsmöglichkeiten,
- konkreter und realistischer Zeitplanung,
- transparenten Bewertungskriterien
- sowie an vorbereitenden, zielführenden Modulen zur Förderung von Lernkompetenz.

Sinn von Projektprüfungen

> *Projektunterricht muss ernstzunehmender Unterricht sein, nicht Spielwiese für frustrierte Schüler und ausgebrannte Lehrer.* (HERBERT GUDJOHNS *2008, 78)*

Projektprüfungen, die Teil von Abschlussprüfungen sind, existieren bereits in Baden-Württemberg, Bayern, Brandenburg, Bremen, Hamburg, Hessen und Thüringen. Dabei handelt es sich weitestgehend um Prüfungen für die Erlangung des Hauptschulabschlusses. Andere Schulformen, wie z.B. die Oberschule in Bremen, haben diesen Ansatz inzwischen übernommen und für andere Abschlüsse verbindlich gemacht, so auch für die Erlangung der Abschlüsse der Sekundarstufe I und der allgemeinen Hochschulreife. Die Implementierung von projektorientiertem Arbeiten und Lernen in der Sek. II findet in anderen Bundesländern vor allem im Rahmen von so genanntem Seminar- oder Methodenunterricht statt. Eine Ausweitung von überfachlich ausgerichteten Projektprüfungen als Teil von Abschlussprüfungen steht zu erwarten.

Fragt man nach dem Sinn dieser Form von Abschlussprüfung, so erhält man erstaunliche Einblicke in die Gedankenwelt von Schulbehörden und Ministerien:

> *Mit der Projektprüfung wurde ein Weg gefunden, nicht nur fachliches Wissen, sondern auch Sozialverhalten, Arbeitsverhalten und ähnliche Fähigkeiten in die Abschlussnote mit einzubeziehen. Wie bei jeder Prüfung bedarf es aber auch bei der Projektprüfung einer gezielten Vorbereitung eines jeden Kindes und auch jeden Prüfers.*
>
> *(http://www.schule-bw.de/schularten/hauptschule/pruefungen/projpr_bsp/vorbereitung-projektpfr-html4.html)*

Sicherlich gäbe es einfachere Wege, Sozialverhalten und Arbeitsverhalten von Schülern[1] in Abschlusszeugnissen zu dokumentieren. Dazu bedarf es keiner Projektprüfung. Und wer jemals Projektprüfungen abgenommen hat, dem wird ohnehin bewusst sein, dass diese Kompetenzen in dem vorgelegten Produkt nicht sichtbar sind und zudem selten aus dem Unterricht heraus entwickelt wurden. Darf man etwas abprüfen, das in der Schule nicht vermittelt wurde? Das ist der Vorwurf, den sich diejenigen gefallen lassen müssen, die Projektprüfungen in den Kanon der Abschlussprüfungen übernommen haben. Wenn der eigentliche Sinn von Projektprüfungen derart fehlgedeutet wird, dann muss man sich fragen, ob denn irgendjemand in den Ministerien und Behörden verstanden hat, welchen Sinn Projekte und ihre Ergebnisse im Rahmen von Schule haben.

Nach JOHN DEWEY (1859–1952), dem amerikanischen Philosophen und Pädagogen, der als Vater des Projektunterrichts gilt, gibt es drei wesentliche Gesichtspunkte, die Projektunterricht, projektorientiertes Lernen und Projekte kennzeichnen:

- Der Projektgedanke ist eine Reaktion auf sich rasch verändernde gesellschaftliche Verhältnisse. Erziehung kann nicht mehr auf Basis gesicherter Grundlagen Vorbereitung für planbare und vorausbestimmbare Lebensverhältnisse sein. Der Lernende muss flexibel auf Veränderungen reagieren können und in der Lage sein, seine Zukunft selbst in die Hand zu nehmen.
- Die Projektidee ist Teil eines grundlegenden Verständnisses von Demokratie. Dies steht im krassen Gegensatz zum herkömmlichen Unterricht, der hierarchisch „von oben" strukturiert ist und dem Lernenden vorenthält, seine Dinge selbst regeln zu dürfen.
- „Learning by doing" hilft dem Lernenden, sich selbst und die Welt zu verändern. Das eigene, zielorientierte und selbstständig geplante Handeln führt zu Erziehung und Demokratie.

Schule ist nun aber einmal völlig anders strukturiert. Es gibt kaum Raum für Phasen eigenverantwortlicher, selbstmotivierter und selbstgesteuerter Lernprozesse. Selbst Phasen wie Freiarbeit, Wochenplanarbeit oder Studienzeit sind weit davon entfernt, den Ansprüchen an Selbstregulierung oder hinsichtlich der genannten Gesichtspunkte zu projektorientiertem Lernen gerecht zu werden. Rahmenpläne, Bildungsstandards, Richtlinien, Stunden-

1 Aus Gründen der besseren Lesbarkeit wird in diesem Buch meist die männliche grammatische Form verwendet. Es sind aber damit aber auch immer Frauen und Mädchen gemeint, also: Lehrerinnen, Schülerinnen etc.

pläne, Fachcurricula, Jahresarbeitspläne, Kompetenzraster und Lernzielkontrollen zwingen dazu, eine *von oben* geordnete Lehr- und Lernstruktur zu entwickeln, die im Glücksfall dem Lernenden die Wahl lässt, ob er zunächst Arbeitsblatt A oder vielleicht doch gleich Arbeitsblatt B bearbeiten möchte.

Projektwoche

Projektorientierter Unterricht findet zwar immer wieder statt, ist aber in vielen Fällen strukturell nicht entwickelt. So gibt es vornehmlich in der Sauregurkenzeit zwischen Zeugniskonferenzen und Sommerferien Projektwochen, die weitestgehend den Zweck haben, die Zeit „sinnvoll" zu überbrücken. Es ist dann üblich, dass Lehrkräfte Themen und Inhalte vorgeben und Schüler sich dann diesen Themen zuordnen. An diesen Themen und Inhalten wird dann mit unterschiedlichen Methoden gearbeitet, die dann unterschiedliche Ergebnisse erbringen. Die Projektwoche mündet zumeist in ein Schulfest, auf dem die Ergebnisse präsentiert oder verkauft werden. Was das mit Projektarbeit zu tun hat, erschließt sich weder den beteiligten Schülern noch den beteiligten Lehrkräften.

Immerhin sind in diesen Projektwochen Bedingungen vorhanden, die für die Anbahnung und Vermittlung von Projektstrukturen hilfreich sind. Eine Gruppe von Personen arbeitet ausschließlich an einem Thema mit dem Ziel, nach Abschluss der Projektwoche etwas Verwertbares vorzulegen. Viele Schüler mögen diese Projektwochen, weil sie endlich einmal eine Wahl der Inhalte zu einem häufig von der Schule festgelegten Thema haben. Sie können sich einen Inhalt auswählen, der ihren Neigungen und Interessen entgegenkommt. Zudem werden sichtbare Ergebnisse erzielt, die einen Wert besitzen, der mit den Ergebnissen des traditionellen Unterrichts nicht vergleichbar ist. Projektergebnisse sind immer Ausdruck einer durch zielgerichteter, strukturierter und handlungsorientierter Teamarbeit erreichten persönlichen Leistung.

Neben den Projektwochen findet sich im Rahmen von Schule eine Vielzahl an Projekten, die aus dem Fachunterricht erwachsen. Da wird der alljährliche Schulausflug zum Projekt erhoben, die Ausstellung über den Klimawandel in der Aula, das Falten von Papierfliegern und das Bepflanzen des Schulbeetes, der Besuch im Theater, die Gruppenarbeit im Geschichtsunterricht zum Thema Steinzeit oder der Aufräumtag vor der Zeugnisausgabe. Im Laufe eines Schuljahres hat ein Schüler sicherlich fünf bis zehn als Projekt deklarierte Unterrichtsvorhaben durchlaufen, ohne verstanden zu haben, was Projektarbeit eigentlich ist und wie sie organisiert sein muss. Vielfach werden diese Projekte auch gar nicht zum Abschluss gebracht. Sie versanden einfach, weil am Ende die Zeit fehlte, Ergebnisse zu dokumentieren oder die Lehrkraft, die diese „Projekte" initiiert hat, krank geworden ist. Steht dann die Projektprüfung an, sind die meisten Schüler und auch die Lehrkräfte überfordert, weil die Erfahrung mit projekt- und produktorientiertem Lernen fehlt.

Projektprüfungen erzeugen Unterlagen

Es wird viel Zeit vergeudet, viele Möglichkeiten der „Erziehung zur Demokratie" werden liegengelassen. Und so erzeugen die Projektprüfungen bei allen Beteiligten Unbehagen, sich am Ende der Schulzeit mit einer Methode auseinandersetzen zu müssen, für die im Rahmen von Fachunterricht an Regelschulen kaum Platz ist.

Unserer Ansicht nach liegt der Sinn von Projektprüfungen doch vor allem darin, dass Schüler in einer an der Arbeitswelt ausgerichteten Methode erworbene Kompetenzen exemplarisch demonstrieren. Dazu muss diese Methode aber systematisch vermittelt, regelmäßig eingeübt und an die Bedingungen der jeweiligen Schule angepasst werden.

Ziel von Projektprüfungen

Im Schülerbeitrag von *Bayernlars* werden klare und nachzuvollziehende Ziele formuliert. Der Schüler möchte eine gute bis sehr gute Note als Ergebnis seiner Anstrengungen erreichen, schließlich geht es um die Abschlussprüfung. Damit ist eine wesentliche Grundbedingung für erfolgreiche Projektarbeit erfüllt. Der Schüler ist motiviert. Und da er sich sein Thema frei wählen kann, leider auch etwas desorientiert. Er scheint es nicht gewohnt zu sein, derart frei arbeiten zu dürfen. Sorgen machen muss man sich um Bayernlars allerdings nicht. Er hat erkannt, dass er Hilfe und Unterstützung benötigt, die er im Internet sucht. Bleibt die Frage, warum er sich die Hilfe und Unterstützung nicht bei den Verantwortlichen einholen kann oder will?

Mia empfiehlt ihrer Kollegin wegen uneinheitlicher Verfahren die Kontaktaufnahme zu ihren Kollegen. Sie benennt die wesentlichen Projektschritte, lobt die Leistungen der Schüler, ist aber dennoch froh, dass sie diesmal nicht beteiligt ist, weil sie die Bewertungsverfahren als zu aufwendig ansieht. So scheint das Ziel der Projektprüfungen durch übermäßige Bürokratisierung nur unter größter Anstrengung auf dem Wege eines *Bewertungsmarathons* erreichbar zu sein.

Es gilt also, sich zunächst einmal ganz allgemein über Ziele von Projektarbeit und damit auch die von Projektprüfungen auszutauschen:

- Was soll abgeprüft werden?
- Wie soll abgeprüft werden?
- Welche Form von Produkten wird angestrebt?

- Was können Schüler leisten?
- Wie können Externe in die Projekte eingebunden werden?

Fähigkeiten und Kenntnisse müssen entwickelt werden

Wenn es ein Ziel ist, erworbene Kenntnisse und Fähigkeiten der Schüler abzuprüfen, dann müssen diese Kenntnisse und Fähigkeiten entwickelt werden. Dazu muss sich das Lehrerkollegium – ähnlich wie in Fachkonferenzen – zusammenfinden und ein eigenes Projekt definieren, das sicherstellt, dass Projektarbeit systematisch entwickelt werden kann und das Erreichen folgender Ziele anstrebt:

- Erstellung von Unterrichtsmodulen zur Anbahnung von Projektarbeit
- Inhaltliche und organisatorische Transparenz des Projektkonzepts gegenüber Schülern, Eltern und externen Beteiligten
- Einheitliche Bewertungskriterien

Erst wenn Einigung über die Ziele von Projektphasen und Projektprüfungen herrscht, dann lassen sich diese Prüfungen auch mit einem erträglichen Aufwand durchführen.
Dieses Buch soll einen Beitrag leisten, diese Aufgaben anzugehen.

Inhalt von Projektprüfungen

Um deutlich zu machen, worin das Problem bezüglich der von Schülern zu wählenden Inhalte von Projektprüfungen geht, zeigen wir einen interessanten Schlagabtausch im Internet, der alle Bestandteile des Problems beleuchtet.

Kerstinl fragt am 31.1.2013:

Hallo ihr Lieben,
brauche mal euren Rat. Ich betreue für die Projektprüfung eine Gruppe. Diese haben sich das Thema Brot ausgesucht.
Mir fällt dabei gleich die Grundschule ein mit „Vom Korn …“
Auch die Gliederung finde ich sehr spartanisch und v. a. nicht Niveau der HS!
Ich hätte noch Anregungen zu Ernte/Aussaat/Verarbeitung, wirtschaftliche Aspekte (Börsenhandel) und unterschiedl. Getreidesorten.
Aber so recht zufrieden bin ich noch nicht.
Habt ihr noch Anregungen??? Ist meine erste Projektbetreuung …

SteffdA antwortet am 31.1.2013:

Was ist denn das Ziel des Projektes, das Handlungsprodukt?
Was sind die Vorgaben und Randbedingungen (Materialien, Medienaustattung, Zeit usw.)?
Solange das nicht klar ist, brauchts keine Gliederung u.ä. … und nein „Brot" ist kein Projekt!
Grüße Steffen

Alias entgegnet am 1.2.2013:

„Brot" ist ein spannendes Thema – ernsthaft.
Da lässt sich die ganze Welternährungssituation dran festmachen.
Wirtschaftliche Konzentration – vom Verschwinden der kleinen Bäckereien zum Transport der tiefgefrorenen Brotrohlinge aus der Ukraine zu uns in die Großbäckerei oder in die Backautomaten von Aldi und Lidl.
Das ist immer noch „vom Korn zum Brot", aber im großtechnischen Maßstab.

SteffdA darauf am 1.2.2013:

Das habe ich nicht bestritten, aber es ist kein Projekt.

Angestellte erwidert dazu am 1.2.2013:

Doch das ist definitiv ein gutes Projekt für den Hauptschulabschluss. Würde ich als Projektbetreuerin annehmen, aber natürlich eine genauere Beschreibung verlangen. Ich könnte mir vorstellen, dass es in Richtung Bäckerhandwerk ginge und/oder Vergleich der Brotherstellung und der Geschichte des Brotes in verschiedenen Ländern. Auf die Verkostung im Rahmen der Projektpräsentation tät ich mich wirklich freuen. Natürlich wären auch die anderen genannten Schwerpunkte denkbar, das kommt sicher ganz auf die Interessenlage der Projektgruppe an. Bei uns müssen sich die Schüler schon ein bisschen Gedanken gemacht und ein grobe Planung vorgelegt haben, bevor sie sich an einen Betreuer ihres Vertrauens wenden.

SteffdA daraufhin am 1.2.2013:

… ist es nicht! Zu einem Projekt gehört eine entsprechende Projektdefinition (…). „Ich mach mal was zum Thema Brot" ist das eben genau nicht.

Alias meint dazu am 1.2.2013:

Diese Definition legst du mal den Hauptschülern als Handlungsanweisung und Entscheidungshilfe hin …
Du bewegst dich in Sek II, vermute ich …

SteffdA entgegnet am 1.2.2013:

Wenn die Schüler das nicht können, auch in Sek II müssen sie das erst lernen, dann ist es Aufgabe des Lehrers hier entsprechend zu unterstützen.
Es geht in erster Linie auch nicht darum, ob das jetzt ein pädagogisches Projekt nach z.B. Gudjons sein soll, oder ob man da Anleihen aus der Industrie nimmt, (…) es geht darum, sich darüber klar zu werden, welches Ziel man erreichen will und mit welchen Ressourcen (Materialien, Zeit, Personal etc.) man gedenkt, dieses zu tun. Das ist m.E. ein wesentlicher Aspekt, den es zu lernen gilt, ansonsten brauche ich kein Projekt.
Grüße Steffen

(http://www.lehrerforen.de/index.php?thread/35378-projektpr%C3%BCfung-hs-brot/; Zugriff am 23.10.2015)

Was ist ein Projekt?

Was hier so vehement diskutiert wird, betrifft die alles entscheidende Frage: Was ist ein Projekt? So kann es sicherlich nicht hilfreich sein, Themen als Inhalte anzubieten in der Hoffnung, dass Schüler am Ende zu einem bewertbaren Ergebnis kommen, das irgendwie präsentiert werden kann. In der Auseinandersetzung um Inhalte von Projektprüfungen müssen Kriterien und Indikatoren vorhanden sein, an denen man messen kann, ob ein Projekt angezeigt ist. Und das gilt für alle Beteiligten. Während es für die Schüler in einer Projektprüfung darum geht, einen thematisch (z.B. Herstellung von Brot) und inhaltlich klar umrissenen Sachverhalt (z.B. Entwicklung von Maschinen zur Brotherstellung) produktorientiert in eine zu veröffentlichende Form (z.B. Dokumentarfilm) zu überführen, besteht die Aufgabe der Lehrkraft bei der Durchführung einer Projektprüfung vor allem in der Ausformulierung von Rahmenbedingungen für das Projekt und in den formalen Anforderungen, die von den Schülern zu erfüllen sind. So müssen Räumlichkeiten organisiert, der Zeitrahmen festgelegt und fächerübergreifende Aspekte bedacht werden.
Für Schüler gestaltet sich eine Projektprüfung vor allem deshalb so schwierig, weil sie gar nicht darauf vorbereitet sind, völlig selbstständig ein Thema und dessen Inhalte herauszuarbeiten, das sie produktorientiert und inhalt-

lich innovativ ausgestalten sollen. Der Widerspruch zwischen Freiheit und Zwang wird nicht aufgelöst. Vielfach sind Themen so wenig greifbar wie das, was dabei erarbeitet wird oder herauskommen soll. Also macht im Zweifelsfall die Lehrkraft Vorschläge, seziert das Oberthema in kleine Häppchen und legt damit vorab den gesamten thematischen Rahmen fest. Die Schüler müssen sich daraufhin in Kleingruppen zusammenfinden und sich einem dem Thema untergeordneten Inhalt zuordnen. Dass bei einem solch dirigistischen Vorgehen die Begeisterung bei den Schülern schwindet, ist offensichtlich und nur allzu verständlich.

Rahmenbedingungen offenlegen

Daher ist es zwingend notwendig, den Schülern schon lange vor der anstehenden Projektprüfung sämtliche Rahmenbedingungen offenzulegen, Abläufe einzuüben und mögliche Verfahren aufzuzeigen, damit sie den Aufwand einschätzen können und auf die bevorstehenden Aufgaben vorbereitet sind. Dies geschieht im besten Fall anhand von kleinen und großen Vorhaben, in denen deutlich wird, dass Themen und Inhalte für Projektprüfungen auf verschiedenen Wegen gefunden werden können:

- eigene Hobbies, persönliche Interessen
- aktuelle Fragestellungen und Medienberichte
- Erfahrungen hinsichtlich der Erstellung spezieller Produktformen
- Anregungen aus dem häuslichen Umfeld

Ein Projektprüfungsbogen gibt darüber Aufschluss, ob ein Projekt auch wirklich ein solches ist und nicht nur ein beliebiges Thema, zu dem man Informationen sammeln kann (s. S. 19). Diesen Projektprüfungsbogen kann man selbstverständlich für alle im Rahmen von Schule initiierten Projekte verwenden. So wird man schnell feststellen, dass viele als Projekt deklarierte Vorhaben häufig Routineaufgaben und wenig produktorientiert sind.
Wenn Lehrkräfte sich weitestgehend aus der Themenfindungsphase heraushalten, dagegen inhaltliche und organisatorische Rahmenbedingungen schaffen und ihre Schüler mit Methoden zur Projektarbeit vertraut machen, so haben sie Voraussetzungen für erfolgreiche Projektarbeit geschaffen.

Konkretisierung von Umsetzungsmöglichkeiten

Sicherlich ist es nicht immer möglich, Projekte – so wie wir sie verstehen – im Rahmen von Fachunterricht durchzuführen. Allein die zeitlichen Ressourcen von zwei bis vier Stunden pro Woche reichen dafür nicht aus. Viele Lehrkräfte lassen sich dennoch nicht entmutigen, bleiben aber weitestgehend Einzelkämpfer, die sich darum bemühen, dass neben dem „Durchziehen“ von Unterrichtsstoff Raum für offene Unterrichtsformen bleibt. Diese offenen Formen sorgen dann immer wieder für Verwirrung und Unmut bei den Kollegen, weil Lerngruppen den ganzen Tag unterwegs sind und an diesem Tag der Fachunterricht für die Lerngruppe ausfallen muss. Unterrichtsvorhaben werden unterbrochen, der Unterricht der betreuenden Lehrkraft muss vertreten werden. Projektunterricht wird als Störung empfunden.

Planungssicherheit für alle Beteiligten erzeugen

Um diesen Störungen vorzubeugen, muss Planungssicherheit für alle Beteiligten erzeugt werden. Dafür eignen sich insbesondere die Konferenzen auf Jahrgangsebene zu Beginn eines Schuljahres. Hier müssen die Vorhaben vorgestellt und in einen Zeitplan eingearbeitet werden, so dass alle Beteiligten informiert und vorbereitet sind. Dies gilt in besonderem Maße für die Durchführung von Projektprüfungen. Die Durchführung von Projektprüfungen kann daher als eigenständiges Projekt angesehen werden, das einer Motivierung und Planung, einer Durchführung, einer Dokumentation und einer Reflexion bedarf.

Wenn Behörden und Ministerien keine geeigneten Empfehlungen und Konkretisierungen von Umsetzungsmöglichkeiten anbieten, dann muss man diese Bedingungen entweder selbstständig oder in Kooperation mit einer anderen Schule erarbeiten.

Realistische Zeitplanung

Es gibt kaum ungünstigere Bedingungen Projekte durchzuführen als im Rahmen von Schule. Unterrichtstaktung, knappe finanzielle Ressourcen, wenige verbindliche Zeitfenster für eine Zusammenarbeit der Lehrkräfte, fehlende räumliche Voraussetzungen, unterschiedliche Vorerfahrungen, fachliche Gegensätze sowie die Unvereinbarkeit von Arbeitszeiten der an Projekten Beteiligten führen dazu, dass viele noch so gut gemeinte schulische Vorhaben scheitern oder – wie dies häufig der Fall ist – einfach mit der Zeit versanden.

Der Aufwand, der für schulische Projekte betrieben werden muss, scheint in keinem Verhältnis zum ökonomisch verwertbaren Ertrag zu stehen. Allerdings ist es so, dass schulische Projekte für alle Beteiligten einen langlebigen und nachhaltigen Wert haben. Zumindest erinnert man sich noch Jahre später gerade an die Vorhaben und Veranstaltungen, die den Rhythmus des schulischen Alltags unterbrochen haben. Die Vorbereitungen und Arbeiten, die hinter diesen Schul- und Sportfesten, Ausstellungen und Aufführungen stecken, bleiben hingegen vielfach unsichtbar und werden selten gewürdigt.

Aus unserer Erfahrung heraus können folgende zeitliche Eingrenzungen als Faustregel gelten:

Projektanbahnende Vorhaben – 6 Unterrichtsstunden
Projektorientierte Vorhaben – 6 Wochen
Projekte – 6 Monate

So sollten einzelne Projektphasen ebenfalls zeitlich eingegrenzt werden, damit die Ziele der einzelnen Projekte nicht aus den Augen geraten. Sicherlich sind für Planung und Durchführung mehr Zeit einzuplanen als für die restlichen Phasen. Diese Phasen sind:

1. Motivierung
2. Planung
3. Durchführung
4. Dokumentation
5. Reflexion

Transparente Bewertungskriterien

Quantität ist etwas, das man zählt. Qualität ist etwas, auf das man zählt.

Geradezu ärgerlich und frustrierend für Schüler ist es, dass von Unterrichtsfach zu Unterrichtsfach und von Lehrer zu Lehrer unterschiedliche Kriterien für die Bewertung von Leistungen angelegt werden. In dem Dickicht von Unsicherheit, fehlender Transparenz und Beliebigkeit muss es Schülern gelingen, sich von Stunde zu Stunde den unterschiedlichen Rahmenbedingungen anzupassen. Die Qualität von Unterricht würde in dem Maße gesteigert werden können, in dem verdeutlicht wird, was am Ende eigentlich herauskommen soll. Vage formulierte Kompetenzraster helfen da wenig, frühzeitig ausgeteilte Bewertungsbögen und Zielvereinbarungen dagegen viel. Dies ließe sich zumindest auf Fachebene leicht realisieren. So haben wir als Beispiel ein Informationsblatt bereitgestellt, das Schüler über Inhalte und Bewertungskriterien für den anstehenden Unterricht aufklären soll (s. Downloadlink, S. 18).

Vorbereitende Module zur Förderung von Lernkompetenz

Der Mensch hat drei Wege, klug zu handeln. Erstens durch Nachdenken: Das ist der edelste. Zweitens durch Nachahmen: Das ist der leichteste. Drittens durch Erfahrung: Das ist der bitterste. (FRIEDRICH VON BODENSTEDT)

Lebenslanges Lernen, Lernkompetenz, Methodenlernen, Lernen lernen sind Begriffe für eine pädagogische Trendwende, die seit den 1990er-Jahren Einzug in Schulen gehalten hat. Dabei ging es zunächst darum, die Schüler durch systematisches Training an *„selbstbezüglichen“* (GRUSCHKA 2012, 173) Inhalten für die Herausforderungen einer globalisierten Leistungsgesellschaft vorzubereiten und dafür flexibel zu machen. Dieser Reformansatz hat inzwischen mehr Kritiker hervorgebracht als Unterstützer.

Aber wusste man nicht insgeheim um die Windigkeit der trendigen „Lernen lernen – workshops“? *(MICHAEL FELTEN 2012, 32)*

Ein (...) weit verbreiteter Irrtum besteht darin zu glauben, man könne unnötigen Wissensballast abwerfen und sich einfach auf das Lernen des Lernens beschränken, um später dann alles mögliche lernen zu können.
(KONRAD P. LIESSMANN 2014, 35)

Aber aktivierende Methoden sind (...) erst dann pädagogisch angemessen, wenn die Aktivitäten dem Ziel des Verstehens dienen und sie nicht zu einem Wert an sich werden. *(ANDREAS GRUSCHKA 2012, 173)*

Ein kurzer Blick in deutsche Klassenzimmer würde ausreichen, um festzustellen, dass es beim Methodenlernen nur vordergründig um die o. g. Ziele geht. So stellt sich für einen Klassenlehrer einer 5. Klasse die Frage nach zukünftiger Flexibilität am Arbeitsmarkt nicht, sondern eher die Frage, wie erzeuge ich einen einheitlichen Lernrhythmus und eine Lernatmosphäre, in der alle Schüler ihre Fähigkeiten und Fertigkeiten entwickeln können. Schulen konkurrieren untereinander und gegeneinander, entwickeln eigene Profile und pädagogische Konzepte, die dazu führen, dass bei einem Schulwechsel oder beim Übergang an die weiterführenden Schulen diese unterschiedlichen Konzepte zusammengeführt werden müssen. Daneben müssen Schüler mit rudimentären Deutschkenntnissen integriert und gefördert werden, um nur zwei Beispiele anzuführen.
Die Zahl der Schüler, deren Eltern sich um die Entwicklung ihres Sprösslings kümmern können oder wollen, hat stark abgenommen. Der alte Witz, in dem sich zwei Väter darüber austauschen, welche Note sie für die Präsentation ihres Kindes erhalten haben, bringt niemanden mehr zum Lachen. Die eine oder andere Vereinbarung im Kollegium über die Vermittlung und Vereinheitlichung von Recherchekriterien und Präsentationstechniken

würde Wunder bewirken und dazu führen, dass der Herkunft der präsentierten Erkenntnisse eigenständige Überlegungen zugrunde liegen.
Hinzu kommt, dass die Schüler derjenigen Jahrgänge, die sich Abschlussprüfungen zu unterziehen haben, immer wieder vor der Herausforderung stehen, selbstständig Kriterien und Methoden zur Zielerreichung zu entwickeln, da durch ständige Veränderungen in den Prüfungsordnungen auch Lehrer zunächst selbst keine Strategien anbieten können, weil sie auf diese Veränderungen nicht vorbereitet sind oder werden.
Die Einbindung eines systematischen Konzepts zur Förderung der Lernkompetenz in das pädagogische Gesamtkonzept einer Schule hat somit folgende Vorteile:

- Schüler (und auch Eltern) erhalten einen Orientierungsrahmen, welche überfachlichen Vereinbarungen zum Lernen getroffen wurden.
- Gemeinsam vereinbarte Lernstrukturen und -bedingungen sorgen für Sicherheit und Vergleichbarkeit bei der Anbahnung, Durchführung und Auswertung von projektorientierten Phasen.
- Überfachliche Methoden werden nicht mehr beliebig und exklusiv vermittelt, sondern zentral, verbindlich und integrativ.
- Alle an Schule Beteiligte sind involviert.

Auf den folgenden Seiten finden Sie Anregungen, wie Sie Projektarbeit in Ihrem Fachunterricht entwickeln, durchführen und bewerten können. Daneben möchten wir mit diesem Buch einen Beitrag leisten, gelungene Ansätze zu einer systematischen Entwicklung von Projektarbeit in Schule zu unterstützen.
Da wir beide an staatlichen Schulen unterrichten, kennen wir die pädagogischen Zwänge und zeitlichen Engpässe, die Unterrichts- und Schulentwicklung so unsagbar mühsam machen. Allerdings wächst sehr schnell die Erkenntnis, dass man, statt ein weiteres Arbeitsblatt zum Bearbeiten für die Schüler zu konzipieren, die Zeit auch nutzen kann, Projekte oder zumindest projektorientierte Aufgaben zu entwickeln, die den Schülern so viel mehr abverlangen und zu viel größerer Zufriedenheit führen. *Mia* hat es in ihrem Internetbeitrag treffend beschrieben:

„Insbesondere die Durchführungsphase ist wirklich toll, wenn man sieht, was die Schüler so alles zustande bringen. Und da geht dann auch wirklich eine ganze Menge."

Sie finden in diesem Buch keine fertig ausgearbeiteten Projekte, aber viele Anregungen und Kopiervorlagen für Themen, die Sie zu eigenen Projekten machen können. Schauen Sie sich in der Umgebung der Schule um, lassen Sie sich durch Ihre Schüler inspirieren und bedenken Sie, dass Projekte im Gegensatz zur Wirtschaft in der Schule scheitern dürfen. Entscheidend ist nur, dass Sie die Fehler analysieren und als wertvolle Erfahrungen verbuchen.

„Laß dir von keinem Fachmann imponieren, der dir erzählt. ‚Lieber Freund, das mache ich schon seit zwanzig Jahren so!' – Man kann eine Sache auch zwanzig Jahre lang falsch machen." (KURT TUCHOLSKY)

Hinweis: Sie finden zahlreiche Kopiervorlagen in diesem Buch. Sie können die Kopiervorlagen auf dem Kopierer auf 141 Prozent vergrößern, um eine DIN-A4-Seite zu erhalten.
Weitere Kopiervorlagen und Materialien können Sie im Internet auf unserer Webseite www.cornelsen.de finden. Geben Sie dafür die ISBN-Nummer Ihres Titels im Suchfeld ein und klicken Sie anschließend auf das im Fenster erscheinende Cover. Hier finden Sie im linken Navigationsbereich den Reiter Download, wo Sie die Zusatzmaterialien abrufen können.

Name: Klasse: Datum:

Projektprüfungsbogen

Projekt: ______________________________

Fächer	
Thema	
Inhalt	
Ziel	
Zeitrahmen	
Produkt	

Kriterien	**erfüllt**	**Bemerkungen**
☐ begrenzbar		
☐ übergreifend		
☐ keine Routineaufgabe		
☐ zielorientiert		
☐ schwierig		
☐ innovativ		
☐ handlungsorientiert		
☐ produktorientiert		

	Gruppe 1	Gruppe 2	Gruppe 3	Gruppe 4
Beteiligte				
Aufgaben				

1 Was ist Projektarbeit?

Projektarbeit ist das selbstständige Bearbeiten einer Aufgabe oder eines Problems durch eine Gruppe von der Planung über die Durchführung bis zur Präsentation des Ergebnisses. Projektarbeit ist eine Methode demokratischen und handlungsorientierten Lernens, bei der sich Lernende zur Bearbeitung einer Aufgabe oder eines Problems zusammenfinden, um in größtmöglicher Eigenverantwortung immer auch handelnd-lernend tätig zu sein.

Diese Definition, die auf JOHN DEWEY (1859–1952) zurückgeht, bildet die Grundlage für den schulischen Diskurs zum Thema Projektmanagement. Zur Vereinfachung des komplexen Sachverhaltes verzichten wir bewusst auf weitere Definitionen (insbesondere aus dem Bereich der Wirtschaft) und fassen stattdessen die wesentlichen Merkmale schulischer Projektarbeit zusammen.

Projektarbeit im schulischen Rahmen zeichnet sich im Idealfall aus durch:

- Einmaligkeit (keine Routineaufgabe),
- auftrags- bzw. problembezogenes (= lösungsorientiertes) Lernen,
- einen klaren Bezug zur außerschulischen Wirklichkeit,
- größtmögliche Eigenverantwortung und Selbstorganisation der Schüler,
- größtmögliche Berücksichtigung der individuellen Interessen und Fähigkeiten der Schüler / curriculare Offenheit,
- ganzheitliches Lernen im Sinne von Handlungs- und Produktorientierung,
- Methodenkompetenz,
- zielgerichtete Planung,
- Teamwork und kooperatives Lernen sowie
- Interdisziplinarität.

Die folgende Tabelle verdeutlicht den Unterschied zwischen Projektanbahnung, projektorientiertem Unterricht und „echter“ Projektarbeit in der Schule. Hierbei geht es keinesfalls darum, die Formen, in denen die Schüler noch stärker durch die Lehrkraft angeleitet werden, zu diskreditieren, da sie noch nicht den Stempel eines echten Projektes erhalten. Vielmehr geht es uns darum, mit dieser Klassifizierung zu verdeutlichen, dass die notwendigen Voraussetzungen zur selbstständigen und erfolgreichen Planung und Durchführung von komplexen Projekten erst schrittweise entwickelt werden müssen. Die Tabelle zeigt also eine didaktische Progression von einfachen projektähnlichen Vorhaben hin zu produktorientierten, komplexen Projekten.

	Projekt (ab Klasse 9)	Projektorientierung (Klasse 7 und 8)	Projektanbahnung (Klasse 5 und 6)
Thema	Schüler legen das Thema selbstständig fest.	Lehrer legt das Thema fest, Schüler wählen ihre Arbeitsschwerpunkte.	Lehrer legt Thema und Arbeitsschwerpunkte fest.
Materialien / Informationen	Schüler beschaffen Materialien/Informationen selbst.	Schüler und Lehrer beschaffen gemeinsam das Material.	Lehrer stellt Material zur Verfügung.
Arbeitsziele	Schüler formulieren Problem und Ziele selbstständig.	Schüler und Lehrer legen gemeinsam die Ziele fest.	Ziele werden vom Lehrer gesetzt.
Arbeitsschritte	Schüler legen Arbeitsschritte gemäß Terminplan selbstständig fest.	Arbeitsschritte werden teilweise durch den Lehrer vorgegeben.	Lehrer schreibt Arbeitsschritte vor.
Arbeitsgruppen	Komplexe Gruppenstruktur, freie Wahl nach Interessen und Fähigkeiten	Sozial homogene Gruppenstruktur nach persönlicher Zuneigung	Lehrer legt Gruppen fest.
Schülerrolle	Selbstständig, aktiv planend und durchführend	Mitbestimmend, teilweise selbstständig, aktiv	Schüler hat wenig Gestaltungsspielraum
Lehrerrolle	Moderator, Ansprechpartner, Beobachter	Lehrer koordiniert, macht Vorschläge, gibt Hinweise.	Lehrer gibt verbindliche Anweisungen.
Fächerbezug	Mehrere Fächer, ggf. mehrere Lehrer beteiligt	Fachbezogen mit Ausblick auf andere Fächer	Weitestgehend fachspezifisch
Produkt	Versteht sich als Arbeitsergebnis der gesamten Gruppe und stellt in seiner Gesamtheit eine Innovation dar. Im Rahmen der Projektprüfung wird das Produkt in einer Präsentation erläutert.	Besteht aus verschiedenen, sich ergänzenden Gruppenergebnissen unter einer gemeinsamen thematischen Klammer, bietet in Teilen Innovationen und geht über die klassische schulische Präsentation hinaus.	Besteht aus verschiedenen Gruppenarbeiten unter einer gemeinsamen thematischen Klammer und kann eine Präsentation sein.

Von der Projektanbahnung zum Projekt (vgl. KLEIN 2008, 18)

Projektorientierte Unterrichtsvorhaben zielen auf die Entwicklung eines hohen Maßes an Selbstständigkeit und Eigenverantwortung seitens der Schüler, doch auch selbstständiges Lernen will gelernt sein. Eine zentrale Leitfrage an die betreuende Lehrkraft lautet deshalb immer: „Wie viel Eigenverantwortung kann ich meinen Schülern zutrauen, ohne sie damit zu überfordern?"

Die Klassifizierung orientiert sich an einer idealtypischen Entwicklung, die nicht nur grundsätzlich erstrebenswert ist, sondern die durch die Einführung der Projektprüfung, als Teil der Abschlussprüfungen in den Jahrgängen 9 oder 10 in Baden-Württemberg, Bayern, Brandenburg, Bremen, Hamburg, Hessen und Thüringen auch tatsächlich vorausgesetzt wird.

In der Praxis wird es immer wieder zu Mischformen aus Unterrichtsprojekten und projektorientiertem Unterricht kommen. Hier ist der Lehrer in seiner Planungsrolle gefragt zu entscheiden, wie komplex das Projektvorhaben sein soll/darf. In diesem Sinne betrachten wir die Bildung von Mischformen als brauchbares Instrument, um den Schwierigkeitsgrad eines Projektes möglichst genau auf die Lerngruppe abzustimmen.

1.1 Projektarbeit in der Schule

Schule ist langweilig, träge und eintönig. Wer als Lehrer einmal in den zweifelhaften Genuss kommt, auf einem der harten und unbequemen Stühle einen kompletten Schultag aus Schülerperspektive zu erleben, wird dieser Aussage zustimmen. Jeder Schultag gleicht einem stündlich wiederkehrenden Weihnachtsfest, bei dem man nie weiß, welche Geschenke man bekommen wird, aber selten mit dem zufrieden ist, was man da auspackt. Schon ab der 3. Stunde hat man sich der völligen Gleichgültigkeit gegenüber der pädagogischen Bescherung ergeben. Selbst die vielgelobte Freiarbeit geht kaum darüber hinaus, auswählen zu dürfen, welches der ungeliebten Geschenke man zuerst auspacken darf.

Wir Lehrer haben den Vorteil, dass wir die Geschenke, die von Behörden und Ministerien vorgeschrieben und von Verlagen und Bildungsinstitutionen hübsch aufbereitet sind, ein- und verpacken dürfen. Und wir mögen diese Geschenke zumindest ihrem thematischen Rahmen nach. Schließlich haben wir aus eigenem Interesse diese Gaben zumindest ihrem Inhalt nach einmal studiert. Die Enttäuschung ist natürlich groß, wenn die Beschenkten wenig bis keinerlei Begeisterung erkennen lassen. Immerhin gibt es die cleveren und geflissentlichen Schüler, die Freude heucheln und sich mit vorgespieltem Engagement sofort an die Auseinandersetzung mit den Geschenken machen.

Völlig anders sieht es jedoch aus, wenn Schüler die Gelegenheit bekommen, Inhalte und Abläufe selbst bestimmen zu dürfen; wenn sie die Geschenke selbstständig auswählen und verpacken dürfen. Augenblicklich kommt Bewegung in den Klassenraum. Hier ein Beispiel aus der Praxis:

Lehrer: „Wir werden ein Buch schreiben!"
Schüler: „Das können wir doch gar nicht!"
Lehrer: „Ich traue euch das zu. Beweist mir, dass ich nicht falsch liege."
Schüler: „Worüber sollen wir denn ein Buch schreiben?"
Lehrer: „Ich habe keine Ahnung. Worüber würdet ihr denn gerne ein Buch schreiben?"
Die Schüler schreien durcheinander … Das Projekt läuft.

In jedem Unterrichtsfach lassen sich Projekte realisieren, die nach den bereits genannten Kriterien ablaufen sollten. Sicherlich gibt es Fächer, wie z. B. Kunst, Musik und Sport, die prädestiniert dafür sind, Projekte oder projektähnliche Vorhaben in den Unterricht zu integrieren. Wenn man allerdings ohne Unterstützung der Kollegen als Einzelkämpfer Projekte initiiert, gerät man schnell in den Verdacht, die wirklich *wichtigen* Inhalte des Fachunterrichts zu vernachlässigen und damit den Bildungserfolg der Schüler zu gefährden. Der in den Bildungs- und Lehrplänen aufgeführte Stoff müsse schließlich durchgenommen werden. Tadelnde Kritik auf der nächsten Fachkonferenz ist einem sicher. Schließlich sei Unterricht ja kein Freizeitpark. Auch wenn Ihre Kollegen Projektarbeit nicht schätzen, weil sie damit schlechte Erfahrungen gemacht oder es nie versucht haben, sollten Sie sich nicht entmutigen lassen, denn *„Ergebnisse belegen u. a., dass auch im Projektunterricht hohe und stabile kognitive Lernzuwächse zu erreichen sind. Bedeutsamer Zuwachs an Faktenwissen, vernetztem Fachwissen, Problemlösungskompetenz, Förderung der Interessenentwicklung durch den Projektunterricht"* (GUDJOHNS 2008, 108) sind kaum zu unterschätzende Ergebnisse. Und wenn ihre Kollegen das von ihren Schülern selbst verfasste und vorgelegte Buch in den Händen halten, werden die genannten Kompetenzen sogar greifbar.
Will man nun gegen alle Widrigkeiten Projektarbeit im Unterricht verwirklichen, so bieten sich vor dem Hintergrund der unterrichtlichen Organisation mehrere Möglichkeiten.

Projektorientierung auf der Basis von Angeboten in Lehrwerken

Traditioneller, durch vorgefertigte Arbeitsmaterialien und Lehr-, Lern- und Arbeitsbücher gestützter Unterricht ist in seiner Organisation überschaubar und leicht und effizient planbar. Das Fremdmaterial gibt den Rhythmus vor, abgesichert durch einen an Kapiteln oder Units orientierten Lehrplan. Anregungen für Projekte haben inzwischen in aktuelle Lehrwerke Einzug gehalten. Man findet diese Anregungen als Appendix häufig am Ende eines Kapitels. Das bietet auf fachlicher Ebene die Gelegenheit, projektorientierte

Phasen in den Regelunterricht zu integrieren, indem man das angebotene Projektthema aufgreift und die Schüler das vorgeschaltete Kapitel als Informationssteinbruch nutzen lässt. Dies bietet aus unserer Sicht den ersten Zugang zur Implementierung von projektorientierten Phasen im Unterricht.

Nutzung von strukturierten, in einer vorgegebenen Systematik entwickelten Projekten durch externe Anbieter

Vorbereitete Projekte von externen Anbietern – zumeist von Stiftungen oder von Unternehmen – sind für Schüler vordergründig sehr reizvoll, weil sie häufig mit der Aussicht auf einen Preis verbunden sind. So gibt es unzählige Stiftungen, die Schülerprojekte initiieren, um auf aktuelle oder vergangene Probleme oder Ereignisse hinzuweisen und sich zur Aufgabe gemacht haben, die Gesellschaft für diese Probleme zu sensibilisieren. Das Problem dabei ist allerdings, dass diese Projekte vor allem von Lehrern favorisiert werden, während Schüler wenig Einflussnahme auf die Ausgestaltung haben. Das Thema, das Projektziel und die zu erstellenden Produkte sind meist vorgegeben und lassen sich nicht diskutieren. Diese Projekte entsprechen somit eher einem wettbewerbsorientierten Arbeiten nach wirtschaftlichen Gesichtspunkten. Für den Lehrer sind diese Projekte sehr attraktiv, weil sie ohne großen Planungsaufwand zu realisieren sind und die Schule durch eine Presseberichterstattung in der Außendarstellung werbewirksam präsentiert wird. So sollte man sich vorher genau überlegen, in welchem Verhältnis der Nutzen zum Aufwand steht. Unbeantwortet bleibt zudem die Frage, wie und wann die Schüler die geforderten methodischen Kompetenzen für eine erfolgreiche Bewältigung des Projekts erworben haben oder wie diese Kompetenzen im Laufe des Projekts systematisch vermittelt werden. Als Beispiel sei hier das Projekt Jugend und Wirtschaft der Frankfurter Allgemeine Zeitung und des Bankenverbandes genannt, das *„den Schülerinnen und Schülern (ermöglicht), sich intensiv und praxisnah mit aktuellen Wirtschaftsfragen auseinanderzusetzen. Dabei gewinnen sie Erkenntnisse über wirtschaftliche Strukturen und Abläufe."* *(http://www.jugendundwirtschaft.de/informieren/informieren/infos-zum-projekt. Zugriff: 6. 8. 2015).*

Dieses Projekt, das es seit mehr als 20 Jahren gibt und an dem mehr als 60 Schulen teilnehmen, bietet – so gut gemeint die Zielsetzung auch ist – vor allem leistungsstarken Schülern eine außerschulische Bestätigung ihrer Leistungsfähigkeit. Schüler, die Probleme mit dem Verständnis von anspruchsvollen Texten haben, sind vom ersten Moment an überfordert und entwickeln

eine große Abneigung gegenüber dieser Form von Fachjournalismus, was im Sinne von Projektarbeit sicherlich kontraproduktiv ist. Der Projektgedanke wird hier konterkariert, weil die Schüler in diesem Projekt nicht gemeinsam, sondern gegeneinander arbeiten. Wer der Gewinner und wer der Verlierer ist, steht bereits vorher fest. Inwiefern die FAZ und der Bankenverband von diesem Projekt profitieren, soll hier nicht weiter hinterfragt werden.
So sollten Sie unbedingt vor der Beteiligung an einem durch externe Veranstalter initiierten Projekt ermitteln, inwiefern überhaupt ein Projektgedanke vorliegt und ob alle Ihrer Schüler zum Erfolg im Projekt beitragen können. Ist dieser Fall nicht gegeben, so lassen Sie besser die Finger von derartigen Vorhaben!

Entwicklung von schuleigenen Projekten innerhalb von vorher im Jahresplan festgelegten Projektphasen

Im Gegensatz zur Teilnahme an Projekten von externen Anbietern bietet die Entwicklung von schuleigenen Projekten die Möglichkeit, die entwickelten oder noch zu entwickelnden Kompetenzen der Schüler umfassend zu nutzen und diese für das Projekt gewinnbringend auszuschöpfen. Als Beispiel sei hier die Organisation und Durchführung einer Laufveranstaltung als Sponsorenlauf genannt (Dornbusch, 2015). Ein Projekt dieser Art bietet den Schülern z. B. eines Jahrgangs ein breites Spektrum von Aufgaben, die zu erledigen sind, und gleichzeitig die Möglichkeit, ihre Stärken im Rahmen dieses Projekts einzubringen.

Foto: Ralf Dornbusch

An diesem Beispiel – Laufveranstaltung als Sponsorenlauf für die gesamte Schule – soll die Dimension der Projektverwirklichung aufgezeigt werden, die hier alle Merkmale einer Projektorientierung aufweist.

Thema: Lehrer/Schule legt das Thema fest, Schüler wählen ihre Arbeitsschwerpunkte
Große schulische Projekte können von Schülern angeregt werden, sind aber in den meisten Fällen von der Gesamtkonferenz abgestimmte Vorhaben. Das Thema – hier eine Laufveranstaltung für alle Schüler – ist festgelegt.

Materialien/Informationen: Schüler und Lehrer beschaffen gemeinsam das Material
Eine Laufveranstaltung zu organisieren, setzt schon Profis vor nicht zu unterschätzende Probleme. So sollte man sich rechtzeitig über die benötigten Materialien bei einem professionellen Veranstalter informieren. Der hat Ablauf- und Materiallisten vorrätig, an denen man sich orientieren kann.

Arbeitsziele: Schüler und Lehrer legen gemeinsam die Ziele fest
Da eine derartige Veranstaltung im Gegensatz zu anderen schulischen Vorhaben nicht scheitern darf, müssen die Ziele so definiert sein, dass ein Erfolg gewährleistet werden kann. Ein Beispiel dafür ist, dass ein Alternativablaufplan für Regenwetter rechtzeitig vorliegen muss, damit alle Beteiligten über kurzfristige Änderungen im Ablauf informiert sind.

Arbeitsschritte: Arbeitsschritte werden teilweise durch den Lehrer vorgegeben
Da dieses Vorhaben von einer hohen Komplexität geprägt ist und ein Erfolg erreicht werden soll, muss der Lehrer bestimmte Arbeitsschritte (Informationsübermittlung, Erstellung und Verteilung der Sponsorenverträge etc.) vorgeben.

Arbeitsgruppen: sozial homogene Gruppenstruktur nach persönlicher Zuneigung
Es gibt bei diesem Projekt keinen Grund, warum eine Gruppeneinteilung nach persönlicher Zuneigung nicht erlaubt sein sollte. Eine öffentliche Veranstaltung lebt auch von der Begeisterungsfähigkeit der Veranstalter. In den Arbeitsgruppen sind keine Spezialisierungen oder Expertenschulungen erforderlich.

Schülerrolle: mitbestimmend, teilweise selbstständig, aktiv
Innerhalb der Arbeitsgruppen können die Schüler ihre Rollen frei und ihre Arbeitsaufträge in Gruppenprozessen selbstständig organisieren.

Lehrerrolle: Lehrer koordiniert, macht Vorschläge, gibt Hinweise
Der Lehrer ist der Experte, der Controller. Er greift ein, wenn das Ziel – die erfolgreiche Durchführung der Laufveranstaltung – gefährdet ist.

Fächerbezug: fachbezogen mit Ausblick auf andere Fächer
Einen eindeutigen Fächerbezug gibt es bei der Organisation einer Laufveranstaltung nicht. Im weitesten Sinne werden Inhalte aus den Fächern Sport, Wirtschaft, Deutsch und Mathematik tangiert.

Produkt: Laufveranstaltung
Das Produkt besteht aus verschiedenen, sich ergänzenden Gruppenergebnissen unter einer gemeinsamen thematischen Klammer, bietet in Teilen Innovationen und geht über die klassische schulische Präsentation hinaus.

Das Produkt dieses Projekts ist also die erfolgreiche Durchführung der Laufveranstaltung: alle Schüler sind zu verwertbaren Laufergebnissen gekommen, es sind Sponsorenverträge eingegangen, die nach Auswertung der Laufleistungen zu Einnahmen führen und es ist zu keinen Störungen des Gesamtablaufs der Veranstaltung gekommen.
Dieses Beispiel soll verdeutlichen, dass es auf mehreren Ebenen möglich ist, Projektarbeit zu entwickeln, selbst wenn es keine unterstützende Mehrheit im Kollegium gibt. So ist die Implementierung von Projektphasen oder -unterricht in Schulen in vielen Dimensionen und Ausprägungen – als Projektanbahnung, als Projektorientierung oder als „echtes“ Projekt – denkbar und auch zu realisieren, z. B. folgendermaßen:

- Lehrkraft als Einzelkämpfer im Fachunterricht ohne jegliche Unterstützung,
- Lehrkraft als Einzelkämpfer im Fachunterricht mit Unterstützung durch Eltern und/oder externe Beteiligte,
- einzelne Fachkollegen in einer Jahrgangsstufe,
- Fachteam in einer Jahrgangsstufe,
- Fachteam in allen Jahrgangsstufen,
- Jahrgangsteam in einem Jahrgang,
- von der Schulleitung angeordnetes Unterrichts- und Schulentwicklungsmodell oder
- durch Beschluss der Gesamtkonferenz vereinbartes ergänzendes Prinzip des Lernens.

Aufwand und Ertrag kritisch einschätzen

Je mehr Unterstützung im Kollegium vorhanden ist, umso geringer ist der Aufwand für jeden Beteiligten. Schätzen Sie also vorher das Verhältnis von Aufwand und Ertrag kritisch ein. Als Einzelkämpfer erlangen Sie sicherlich einen gewissen Heldenstatus, sie verändern aber grundsätzlich nichts. Vielmehr kämpfen Sie nicht nur mit den Unwägbarkeiten von Schulprojekten, sondern auch noch gegen einen Großteil der Kollegen. Deshalb sollte der Konkretisierung von Projektideen als Vorbereitung eine genaue Planung und Analyse der Gelingensbedingungen vorgeschaltet sein. Und je stärker sich Kollegen an der systematischen Implementierung von Projektunterricht an der Schule beteiligen, umso ökonomischer und ertragreicher wird sich die veränderte Lernkultur entwickeln.

Auch aus eigener Erfahrung können wir bestätigen, „dass die Durchführung von Projekten nicht von den äußeren Bedingungen abhängig ist, die oft zur Rechtfertigung konventionellen Unterrichts herangezogen werden: Schülervoraussetzungen, Lehrpläne, Klassengröße u. a.m. Es scheint viel eher an bestimmten Personenmerkmalen der Lehrkräfte zu liegen, ob Projektunterricht durchgeführt wird" (GUDJOHNS 2008, 107 f.).

Dass Projektarbeit ein breites Spektrum methodischer, sozialer und kommunikativer Kompetenzen voraussetzt, macht den Einsatz dieser Methode im Unterricht nicht leichter. Einhergehend mit dem Entschluss, Projektunterricht an der Schule zu institutionalisieren, muss Einvernehmen über die Auswahl der zu erwerbenden Kompetenzen herrschen ebenso wie darüber, wie und wann diese Kompetenzen erworben werden können.

Durch die Einführung von Projektprüfungen in einigen Bundesländern als Teil der Abschlussprüfung hat sich die – zugegebenermaßen erzwungene – Bereitschaft eines Großteils der betroffenen Kollegen herausgebildet, Projektunterricht ernst zu nehmen und zumindest Teile projektorientierten Lernens in das Schulcurriculum zu übernehmen.

1.2 Projektprüfung

Projektprüfungen halten Einzug in der deutschen Bildungslandschaft. Von Einheitlichkeit bei der Zielsetzung und in der Umsetzung kann keine Rede sein. So existieren in nahezu allen Schulformen verschiedene Ansätze, fächerübergreifende Projekte als Teil der Abschlussprüfungen zu integrieren. Diese Prüfungen finden in den Jahrgängen 9 oder 10 statt, in Bremen zudem auch in der Sekundarstufe II.

1.3 Projektprüfung Sekundarstufe I

In der Regel gibt es für jedes Bundesland zumindest organisatorische Rahmenbedingungen für die durchzuführenden Projektprüfungen. Diese Bedingungen gilt es, in ein für die Schule entsprechendes Konzept einzubinden, so dass möglichst wenig Unterricht ausfällt, die Präsentationen eine

Öffentlichkeit, also Zuschauer haben und die Nachhaltigkeit der erarbeiteten Produkte deutlich wird.

Zu bewertende Bestandteile der Prüfungen sind immer
- die Abgabe eines Produkts,
- eine Präsentation und
- ein Gespräch.

Um den Schülern ausreichend Zeit für die Vorbereitung einzuräumen, sollte mindestens zwei Monate vor Beginn der Projektphase eine Informationsveranstaltung stattfinden, zu der – wenn möglich – auch die Eltern und die beteiligten Kollegen eingeladen werden. Alle auf der Informationsveranstaltung vermittelten Inhalte müssen in schriftlicher Form vorliegen, so dass fehlende Schüler diese Informationen rechtzeitig erhalten können.

Hier ein Beispiel einer schriftlichen Information der *Wilhelm-Focke-Oberschule*, Bremen:

Behördliche Rahmenbedingungen
Die Projektarbeit findet in der Regel im ersten Schulhalbjahr der Jahrgangsstufe 10 als Einzel- oder Gruppenarbeit statt und besteht aus:
- *den Meilensteinen, also dem Zustand des Entwicklungsprozesses,*
- *den Ergebnissen – also einem Produkt – eines fachübergreifenden Projekts,*
- *der Präsentation der Projektergebnisse und*
- *einem anschließenden Gespräch über die Ergebnisse.*
- *Die Präsentation und das Gespräch werden von zwei Lehrkräften bewertet.*

Die Projektarbeit ist fächerübergreifend angelegt und wird einem Fach nach § 4 Absatz 1 zugeordnet. Die Themen haben einen Bezug zu den Unterrichtsgegenständen der Jahrgangsstufen 9 und 10. Für das fächerübergreifende Projekt weist die Schule in Jahrgangsstufe 10 eine Jahreswochenstunde als Projektstunde aus.
Die Note der Projektarbeit fließt in die Note des Faches mit einem Sechstel ein, dem sie nach Absatz 3 zugeordnet ist.
Die Projektarbeit wird mit Thema und Note im Abschlusszeugnis oder im Zwischenzeugnis der 10. Jahrgangsstufe vermerkt, sofern sie am Ende des ersten Schulhalbjahres abgeschlossen ist.

Schulische Rahmenbedingungen
- Schülerinnen und Schüler wählen selbstständig ein Projektthema aus. Doppelungen sind nicht erwünscht.

- Das gewählte Projektthema muss von der Projektlehrkraft genehmigt werden.
- Die Projektprüfung ist als Gruppenprüfung (2–4 Personen) angelegt. In begründeten Fällen sind auch Einzelarbeiten zulässig, sofern sie in Zusammenarbeit mit anderen Institutionen/Organisationen stehen.
- Dem Thema wird ein Fach zugeordnet, das als Prüfungsleitfach fungiert. Fächer, die zentral geprüft werden oder mündliches Prüfungsfach sind, können nicht Prüfungsleitfach sein. Eine Lehrkraft wird als Projektbegleiter und Prüfer bestimmt. Die Lehrkraft für das Fach Projekt begleitet die Projektphase. Sie ist nicht für die Qualität des Inhalts verantwortlich.
- Die Schulleitung stellt Prüfungskommissionen bis zum … zusammen.
- Der Projektlehrer gibt die erarbeiteten Meilensteine der Projektgruppen an die Prüfungskommissionen weiter, die sich nach Durchsicht und Bewertung mit den Projektgruppen austauschen.
- Der zeitliche Anteil an der Präsentation pro Prüfling beträgt bei Gruppen 5–10 Minuten, bei Einzelpräsentationen 15 Minuten. Eine Gruppenpräsentation darf höchstens 45 Minuten andauern. Über- und Unterschreitungen wirken sich negativ auf die Note aus.
- Im Rahmen der Präsentation schließt sich ein Gespräch an.

Meilensteine

1. Meilenstein Organisation	• Projektstrukturplan • Zeitplan
2. Meilenstein Inhaltliche Konkretisierung	• Erstellung einer Gliederung/Skizze • Literaturliste Treatment/Strukturskizze
3. Meilenstein Bewertungskriterien Planung der Präsentation	• Kriterien zur Bewertung festlegen • Strukturplan mit Aufgabenverteilung für die Präsentation • Bedarf an Präsentationsmedien (z. B. Plakat, Computer, Beamer etc.)

Bewertung

Drei Meilensteine	30 %
Ein Produkt	30 %
Eine Präsentation	30 %
Ein Gespräch	10 %

(Hinweis: Dazu befinden sich KVs im Anhang, S. 144 ff.)

1.4 Projektprüfung in der Sekundarstufe II

Es folgt ein Beispiel der schriftlichen Information des *Alexander-von-Humboldt Gymnasiums,* Bremen.

Behördliche Rahmenbedingungen: „§ 10a Projektarbeit"

(1) In einem Halbjahr der Qualifikationsphase wird eine Projektarbeit erstellt. Sie wird im Rahmen eines fachübergreifenden Projektes, an dem mindestens zwei Fächer beteiligt sind, erstellt.

(2) Die Projektarbeit setzt sich aus den Projektergebnissen, der Präsentation der Projektergebnisse und einem Gespräch über die Projektergebnisse zusammen. Das Gespräch wird von den Lehrerinnen oder Lehrern der nach Absatz 1 beteiligten Fächer geführt.

(3) Statt der Schriftform können die Projektergebnisse aus einem medialen Produkt, einem gestalteten Objekt oder einer szenischen oder musikalischen Darstellung bestehen. Liegt das Projektergebnis nicht in Schriftform vor, ist es um eine schriftliche Reflexion des Projektergebnisses zu ergänzen.

(4) Das Thema der Projektarbeit wird von den Lehrerinnen oder Lehrern der nach Absatz 1 beteiligten Fächer genehmigt. Die Projektarbeit wird von zwei an der Projektarbeit beteiligten Lehrerinnen und Lehrern bewertet. Die Bewertung ist zu dokumentieren.

(5) Die Projektarbeit kann als Einzel- oder Gruppenarbeit angefertigt werden. Im Falle einer Gruppenarbeit muss die individuelle Leistung nachweisbar und bewertbar sein.

(6) Die Projektarbeit wird in die Gesamtqualifikation eingebracht. Eine mit null Punkten bewertete Projektarbeit gilt als nicht angefertigt.

(Auszug aus: Verordnung zur Regelung der Gymnasialen Oberstufe und der Projektarbeit in den zur Allgemeinen Hochschulreife führenden Bildungsgängen v. 21. 11. 2008)

Schulische Rahmenbedingungen

- Die Projektarbeit sollte eine Gruppenarbeit sein. Beteiligt sind mindestens zwei Fächer, zum einen das Leistungsfach und in der Regel ein Grundfach im Profil. Ausnahmen müssen bei der Oberstufenleitung schriftlich beantragt werden.
- Die Projekte ordnen sich in ein Rahmenthema ein. Aus dem Rahmenthema werden dann gemeinsam mögliche Themen bzw. Arbeitsvorhaben entwickelt. Auf dieser Grundlage werden Gruppen gebildet und konkrete Projektvorhaben selbstständig erarbeitet.

- Die Profillehrer entscheiden abschließend das Thema – nach Beratung mit den Schülern.
- Die Profillehrer entscheiden abschließend unter Einbeziehung der Schülervorstellungen – über die Gruppenzusammensetzung. Sinnvoll erscheinen heterogene Gruppen (auf die Leistung bezogen).
- Die Projektarbeit setzt sich aus den Projektergebnissen, der Präsentation der Projektergebnisse und einem Gespräch über die Projektergebnisse zusammen. Das Gespräch wird von den betreuenden Lehrern geführt.
- Statt der Schriftform können die Projektergebnisse aus einem medialen Produkt, einem gestalteten Objekt oder einer szenischen oder musikalischen Darstellung bestehen. Liegt das Projektergebnis nicht in Schriftform vor, ist es um eine schriftliche Reflexion zu ergänzen.
- Die Bewertung der Qualität des Produktes orientiert sich an den vorher festgelegten Kriterien, die in einer Projektvereinbarung und den Protokollen der folgenden Konsultationssitzungen schriftlich formuliert wurden. Jeder Schüler fügt eine Versicherung bei, dass die Arbeit ohne fremde Hilfe angefertigt wurde.
- Die individuelle Prüfungsleistung muss feststellbar und bewertbar sein.
- Die Bewertung der Projektleistung erfolgt durch die betreuenden Lehrer. Jeder Schüler erhält eine individuelle Note. Dabei sollten das Projektergebnis (mit ggf. schriftlicher Reflexion) und die Präsentation mit anschließendem Gespräch etwa zu gleichen Teilen in die Bewertung mit einfließen. Die Verantwortung für die Gutachten liegt bei der Lehrkraft des Profilleistungsfaches.
- Formen des Feedbacks oder der alternativen Bewertung von Gruppenarbeit und Produkten (z. B. „Poolnoten“ oder „Schüler bewerten Schüler“) sind davon zu trennen.
- Die Projektarbeit wird in die Gesamtqualifikation des Abiturs eingebracht. Eine mit 00 Punkten bewertete Projektarbeit gilt als nicht angefertigt.
- Die Notenergebnisse werden dem Prüfling zusammen mit den wesentlichen Gründen für die Bewertung bis Ende Q 1.1 mitgeteilt.

Zeitleiste	Inhalt
September/Oktober 2015	Themenfindung und Bildung der Gruppen
9.10.2015	Projekttag: Abgabe der Projektvereinbarung beim betreuenden Profillehrer
12.10.–22.12.2015	Mehrere Konsultationen beim betreuenden Profillehrer und ggf. Ergänzung der Projektvereinbarung; Fertigstellung des Produktes
10.11.2015	Methodentag: Konsultationssitzungen (zu den jeweiligen Meilensteinen)
07./08.01.2016	Projekttage: Feinschliff am Produkt; Vorbereitung der Präsentation
11./12.01.2016	Abgabe des Projektergebnisses, Präsentation des Ergebnisses und Gespräch
14.01.2016	Infotag: Präsentation der Ergebnisse für Schüler der 9. Klassen und Eltern
22.01.2016	Abgabe der Noten bei der Oberstufenleitung
29.02.2016	Abgabe der Gutachten bei der Oberstufenleitung
04.05.2016	Marktplatz: Präsentation der Ergebnisse für Schüler der Einführungsphase

Bewertungsmaßstab

<table>
<tr><th>Projektergebnis</th><th>Präsentation und Gespräch</th></tr>
<tr><td>Meilenstein 1 → 5%
• (z.B. Literaturliste)
• bis Herbstferien</td><td rowspan="2">Produktpräsentation → 30%</td></tr>
<tr><td>Meilenstein 2 → 5%
• (z.B. Kurzbiografie)
• bis Ende November</td></tr>
<tr><td>Meilenstein 3 → 10%
• (z.B. Exposé)
• bis Ende Dezember</td><td rowspan="2">Prüfungsgespräch → 20%</td></tr>
<tr><td>Produkt → 30%</td></tr>
</table>

2 Entwicklung von Rahmenbedingungen für Projektarbeit

Für viele – vielleicht sogar die meisten – Ansätze systematischer Unterrichtsentwicklung ist die Feststellung typisch, dass Voraussetzungen für ein effektives und eigenständiges Arbeiten, insbesondere die arbeitsmethodischen und sozialen Fähigkeiten bei Schülern nur schwach ausgeprägt sind und dass es auf Seiten der Lehrerinnen und Lehrer kaum verbindliche Verabredungen darüber gibt, wer welche Methoden der individuellen und kooperativen Erarbeitung in welchem Fach in welcher Klassenstufe einführt und damit voraussetzen kann. (JOHANNES BASTIAN 2007, 145)

Es herrscht unter Lehrern weitestgehend Einigkeit darüber, dass Methoden systematisch vermittelt werden müssen. Welche Methoden dies sind und was man überhaupt unter Methoden zu verstehen hat, darüber wird allerdings eine ideologisch geprägte, hitzige Debatte geführt, die häufig verhindert, dass Ansätze unternommen werden, ein einheitliches Curriculum zur Förderung von Lernkompetenz zu entwickeln.
So gibt es die eine – häufig an Gymnasien zu findende – Fraktion aus Einzelkämpfern, die behauptet, schon immer Methoden in ihren Unterrichtsfächern vermittelt zu haben und sich sträubt einzusehen, dass es eine gemeinsame Schnittmenge mit allen anderen Fächern gibt, überfachliche Methoden zu vermitteln. Diese Fraktion verweist auf eine jahrelange Erfahrung und die einer systematisch organisierten Methodenvermittlung entgegenstehende Schulorganisation. Zudem würden bei einer reinen Methodenvermittlung Fachinhalte vernachlässigt werden, so die Argumente.
Spätestens bei Projektprüfungen zeigt sich das Dilemma dann in seinem ganzen Ausmaß. Hier soll nun abgeprüft werden, was im Rahmen von Unterricht fachbezogen und unsystematisch vermittelt wurde. Da Projekte aber auch fächerübergreifende Anteile haben, erweisen sich die in den einzelnen Fächern vermittelten Methoden oftmals als nicht kompatibel. Während sich die Pädagogen streiten und die Schüler hilflos sind, muss eine dritte Gruppe aushelfen, die Eltern, die den Abschluss ihres Sprösslings in Gefahr sehen.
Und da haben wir das magische Dreieck der am Bildungserfolg Beteiligten. Zuvorderst, an der Spitze stehen die Schüler selbst, die ihre exponierte Stellung so nicht wahrnehmen, weil sie die komplexen Beziehungs- und Organisationszusammenhänge noch nicht verstehen können. Sie empfinden Schule als einen Ort, an dem sie sich in Gruppen von gleichaltrigen Lei-

densgenossen zu festgelegten Zeiten treffen müssen, um in räumlich enger Umgebung, angeleitet von mehr oder weniger gut ausgebildeten Erwachsenen schrittweise einen monströsen Berg von Fachinhalten, dessen Gipfel, der über fast zehn Jahre nicht auszumachen ist und im Buchstaben-, Zeichen- und Zahlendunst nur zu erahnen ist, erklimmen müssen. Die zahlenmäßig deutlich unterrepräsentierten Erwachsenen (Lehrer) und die deutlich überrepräsentierten Erwachsenen (Eltern) fungieren bei der Expedition zur Besteigung des Bildungsberges als Bergführer. Leider kennen weder die professionellen Bergführer noch die mehr oder weniger zufällig in die Verantwortung geratenen Bergführer den Weg. Jeder der Lehrer glaubt, zumindest ein Teilstück sehr genau zu kennen. Leider passen die Enden der Teilstücke nicht immer zueinander, so dass Umwege in Kauf genommen werden müssen oder sich die Bergführer in endlosen Diskussionen aufreiben. Die möglichen Gefahren dieser Besteigung – Eltern neigen dazu, überall gefräßige Yetis und blutrünstige Bigfoots hinter jedem Felsvorsprung zu vermuten, weswegen sie ihre Kinder in gut gepolsterten Sänften bergan tragen wollen, sorgen für weitere Missstimmungen. Die Frage der Zusammenstellung der benötigten Werkzeuge – darüber streitet seit Anbeginn der pädagogischen Erziehung und Ausbildung eine vierte Gruppe, die Experten (pädagogische Wissenschaftler), also Kartographen und Geologen, die den Berg anhand von Untersuchungen erforscht, aber die Erfahrungen einer Bergbesteigung unter den genannten Bedingungen selbst nicht gemacht haben – beeinträchtigt zudem das Vorhaben. Das alles wäre kein Problem, wenn nicht die Gruppe der Bergführer heillos zerstritten wäre. Da jeder Bergführer der unumstößlichen Auffassung ist, den einzig richtigen Weg zu kennen, gerät der Anstieg zu einer Schnitzeljagd, bei der diejenigen gewinnen, die die an festgelegten Streckenpunkten, aber inhaltlich nicht aufeinander abgestimmten Aufgaben der professionellen Bergführer am schnellsten lösen. Glücklich können sich die Schüler nennen, die bergan getragen werden und sich auf eine Unterstützung bei der Lösung der Aufgaben durch ihre Träger verlassen können. So erhalten die eigentlichen Protagonisten nur sehr selten die Gelegenheit, auf der Basis eigener Erfahrungen eine eigene Route zu wählen, die vielleicht nicht gleich, aber über weitere Versuche zum Ziel führt. So wird das erste Drittel der eintreffenden Schüler mit einer Goldmedaille (Abitur) belohnt, die nachfolgenden Gruppen erhalten Silber- und Bronzemedaillen (Abschlüsse der Sekundarstufe I). Wer den Gipfel nicht erreicht, erhält keine Medaille (keinen Abschluss).
Klug wäre es, alle an Bildung Beteiligten vor jeder Etappe eine Bestandsaufnahme machen zu lassen, die als Ausgangspunkt für den weiteren Weg –

steile Route oder Wanderweg – dient. In dieser Bestandsaufnahme muss deutlich werden, was der Schüler zum Erfolg beigetragen hat und wie weit er durch eigene Kraft wirklich gekommen ist. Klug wäre es, die Schullaufbahn eines Schülers als Projekt zu betrachten, an dem alle Beteiligten unterstützend arbeiten und das zu einem erfolgreichen Abschluss führt, weil der Schüler zum überwiegenden Teil aktiv mitgearbeitet hat. Klug wäre es, die Rolle des Schülers als Konsument so zu verändern, dass aus ihm ein Produzent wird, der die Komplexität des sich entwickelnden Produkts erfahren hat, sich mit dem Produkt auskennt und es mitgestaltet hat, anstatt aus einer unübersichtlichen Sammlung von an theoretischen Inhalten überprüften Einzelergebnissen eine Gesamtsumme zu ermitteln. Klug ist es, einen Schüler den Berg selbstständig und zielorientiert besteigen zu lassen.

Was sollte ein Schüler leisten?

So sind wir der Meinung, dass jeder Schüler während seiner Schulzeit zumindest einmal an einer Bewältigung folgender Bergetappen beteiligt gewesen sein sollte:

- einen selbstverfassten (Fremdsprachen-)Text zu veröffentlichen,
- ein wissenschaftliches Experiment selbstständig durchzuführen, zu dokumentieren und auszuwerten,
- ein selbst gemaltes Bild oder einen selbst produzierten Kunstgegenstand auszustellen,
- ein komplexes mathematisches Problem mit Bezug zur Lebenswelt selbstständig zu lösen,
- ein Theaterstück zur Aufführung zu bringen,
- ein Musikstück zu schreiben und mithilfe eines Instruments aufzuführen,
- ein funktionelles, selbst entwickeltes Werkstück zu produzieren, das einen Gebrauchswert hat,
- eine Reise zu planen und zu organisieren,
- eine politische Kampagne zu initiieren und umzusetzen,
- einen Film zu produzieren,
- eine Sportveranstaltung zu organisieren,
- ein Gesellschaftsspiel zu entwickeln,
- durch eine öffentliche Veranstaltung zu führen,
- die Verantwortung für ein wirtschaftliches Vorhaben zu übernehmen,
- sich für ein soziales Projekt zu engagieren,
- Verantwortung für einen Menschen oder ein Tier zu übernehmen,
- rechtlich-administrative Formulare auszufüllen und diese einzureichen,
- eine sportliche Ausdauerleistung von mindestens zwei Stunden zu bewältigen,
- ein nützliches Computerprogramm zu entwickeln,
- ein komplettes Menü mit mehreren Gängen zu kochen …

Dies ist aus unserer Sicht der Berg, den es zu erklimmen gilt. Die Komplexität der einzelnen Aufgaben deutet schon an, dass der herkömmliche Fachunterricht nicht geeignet ist, auch nur die Hälfte der genannten Aufgaben innerhalb des Zeitraums der Schulpflicht eines Schülers in Angriff zu nehmen. Die Liste impliziert zudem, dass die Aufgaben von jedem Schüler erfolgreich geleistet werden sollten. Ein Versagen ist nicht vorgesehen. Sie dürfen diese Liste gerne vervollständigen. Zunächst sollten Sie sich allerdings fragen, wie viele der Aufgaben Sie selbst schon einmal erfolgreich umgesetzt haben. Sie sehen, es gäbe so viel zu tun.

Für jedes Unterrichtsfach stehen Bildungspläne, Fachcurricula und Kompetenzraster in ausreichendem Umfang zur Verfügung, die zu erwerbenden Fachkompetenzen sind genau beschrieben. Für überfachliches Lernen und Arbeiten – sogenannte Querschnittskompetenzen – gibt es jedoch so gut wie keine Vereinbarungen. Jeder Schule bleibt es selbst überlassen, einen Rahmen/eine Struktur zu vereinbaren, in dem/der der Erwerb überfachlicher methodischer Kompetenzen angestrebt wird. Für die inhaltliche Ausgestaltung dieser Unterrichtsbestandteile liegt inzwischen eine ganze Reihe von Materialien vor, vor allem Arbeiten der *Realschule Enger* und von *Heinz Klippert*. Diese – häufig Bausteine genannten – Inhaltspakete sind didaktisch umfangreich aufbereitet und vielfach exemplarisch, teilweise auch didaktisch auf die unterschiedlichen methodischen Anforderungen der Fächer hin abgestimmt. Das sind Fortschritte, die Mut machen. Allerdings fehlt eine passgenaue und angemessene Organisationsstruktur, die individuelle Belastungs- und Trainingsphasen einplant, so dass – um beim Beispiel des Bergsteigens zu bleiben – Alternativrouten, verlangsamtes Steigtempo und Erholungspausen eingeplant werden können, um alle Schüler auf dem Gipfel antreffen zu können.

Wenn es das Ziel von Bildung ist, **alle** Schüler zu einem messbaren Erfolg zu führen, müssen Bedingungen geschaffen werden, die diesen Erfolg möglich machen. Ziel- und produktorientiertes Arbeiten und Lernen setzt gewisse Kompetenzen voraus, die entwickelt werden müssen. So kann Projektarbeit nicht stattfinden, wenn nicht die entsprechenden Methoden beherrscht werden, die in den einzelnen Phasen der Projektarbeit verlangt werden. So sehen wir eine unabdingbare Verknüpfung von systematischem und überfachlichem Methodenlernen und der Entwicklung von projektorientiertem Unterricht.

Phasen von Methodenlernen oder projektorientiertem Arbeiten in eine bestehende traditionelle Schulorganisation zu integrieren, ist allerdings nur unter einem sehr hohen persönlichen Aufwand möglich. Wir haben diese Erfahrungen machen müssen und festgestellt, dass sich viele Kollegen, die den Mangel an Selbstorganisation bei Schülern beklagen, besonders stark dagegen sträuben, Veränderungen in der schulischen Lernkultur vorzunehmen. Und erstaunlicherweise erwarten die Kollegen, wenn Projekttage oder projektorientierte Phasen in den Terminkalender eingearbeitet, Konzepte ausgearbeitet und Projekte erfolgreich durchgeführt wurden, eine umgehende Verbesserung der Selbstorganisation der Schüler. „Wir haben das doch jetzt einmal durchexerziert. Die Schüler müssten das doch jetzt können", so das Credo der Fachkollegen, die sich jahrelang damit herumschlagen, Vokabeln, mathematische und chemische Formeln, Jahreszahlen und grammatikalische Regeln in den Köpfen der Schüler zu verankern. Nein, sich Lern- und Arbeitsmethoden sowie die Grundlagen projektorientierten Arbeitens anzueignen, bedarf einer gehörigen Portion Geduld, Ausdauer und sehr viel Motivation. In dieser Hinsicht besteht kein Unterschied zum herkömmlichen Fachunterricht.

Wir haben mit der systematischen Vermittlung von grundsätzlichen Lern- und Arbeitsmethoden auf überfachlicher Ebene trotz des großen Aufwandes, diese in der Schulkultur zu verankern, bisher sehr gute Erfahrungen gemacht. Dieses „Methodenlernen" führt selbstverständlich nicht gleichzeitig auch dazu, dass Schüler ihr Lernen nun selbst organisieren und Strategien entwickeln, wie komplexe Lernzusammenhänge bewältigt werden können, da die Inhalte der Methodencurricula genau wie im Fachunterricht vorgegeben sind und häufig ohne direkten Bezug zu einer übergeordneten Aufgabenstellung stehen. Dennoch hat die Implementierung eines Methoden-Kanons dazu geführt, dass projektorientiertes Arbeiten deutlich effektiver und im Sinne von selbstgesteuertem, handlungsorientiertem Lernen entwickelt werden kann. Wenn Phasen der Vermittlung von Techniken zur Planung und Steuerung selbstständigen Lernens in die Schulorganisation eingepflegt werden, führt das dazu, dass Schüler ebenso wie Lehrkräfte diesen fächerübergreifenden Unterricht als wichtigen schulischen Bestandteil annehmen.

Stufen der Entwicklung eines Methoden-Curriculums als Grundlage projektorientierten Arbeitens

Selbstverständlich wäre es wünschenswert, wenn sich ein gesamtes Kollegium mit großem Engagement und geschult in projektorientierter Teamarbeit an die Implementierung eines auf die Schule hin abgestimmten Methodencurriculums machen würde. Da dies aber in den seltensten Fällen so ist, empfehlen wir folgende Schritte, bei denen es immer auch Phasen der Information und Abstimmung im gesamten Kollegium geben muss, damit Aufklärung betrieben, Ergebnisse vorgestellt und Impulse gesetzt werden können. Um ihre Kollegen zu überzeugen, sollten Sie vor allem Schüler über die Fortschritte in der Entwicklung referieren lassen.

Verabredung innerhalb eines Jahrgangs über die Vermittlung von überfachlichen Methoden

Um eine systematische Entwicklung von Projektarbeit voranzutreiben, macht es Sinn, sich zunächst innerhalb eines Jahrgangs darüber auszutauschen und darauf zu einigen, welche überfachlichen Methoden innerhalb der dreistufigen Entwicklung von Projektarbeit (Projektanbahnung – Projektorientierung – Projekt) vermittelt werden müssen. So entsteht ein Raster von Bedarfen, das im günstigsten Fall bereits eine Progression darstellt und verdeutlicht, zu welchem Zeitpunkt welche Methoden eingeführt, vertieft und wiederholt werden müssen.

Klassische Lern- und Arbeitstechniken

Die Liste wird die klassischen Lern- und Arbeitstechniken umfassen: Arbeitsorganisation, Mappen- und Heftführung, Lese-, Markierungs- und Strukturierungstechniken, Nachschlage- und Recherchetechniken, Techniken der Gruppenarbeit, Präsentationstechniken, Dokumentationstechniken, Visualisierungstechniken, Frage- und Gesprächstechniken sowie Techniken des Konfliktmanagements.

Verabredung innerhalb eines Faches über die Vermittlung von (Fach-)Methoden im kompletten Schuldurchgang

Während eine im Jahrgang erstellte Sammlung von zu beherrschenden Methoden zunächst einen überfachlichen Kompromiss darstellt, zeigt der Blick auf Ebene der Fächer schnell, dass diese Methoden die Grundlage für spezifische Fachmethoden sind. Beispiele dafür sind:

- **Lesetechniken:** Textquellenarbeit (geisteswissenschaftliche Fächer), Textaufgaben (naturwissenschaftliche Fächer).
- **Markierungs- und Strukturierungstechniken:** Exzerpieren von fachwissenschaftlichen Texten (sämtliche Fächer).
- **Frage- und Gesprächstechniken:** Debatte, Diskussion, Gesprächsleitung (Deutsch, Fremdsprachen, geisteswissenschaftliche Fächer)
- **Visualisierungstechniken:** Diagramme, Tabellen, Grafiken (naturwissenschaftliche und geisteswissenschaftliche Fächer)
- **Dokumentationstechniken:** Protokoll, Facharbeit, Literaturverzeichnis, Quellennachweise, Zitierregeln (sämtliche Fächer)

Verabredung innerhalb des Kollegiums über einheitliche Bewertungskriterien von projektunterstützenden Methoden

Schüler wissen häufig nicht, was und wie sie lernen müssen und wie sie das Gelernte anwenden sollen, um erfolgreich sein zu können. Sie wissen nicht, was die Lehrer von ihnen erwarten. Einheitliche Bewertungsmaßstäbe bestehen vielfach nur in der prozentualen Gewichtung der Ergebnisse. Selbst in einem Fach eines Jahrgangs an der gleichen Schule kann es geschehen, dass die Bewertung einer Schülerleistung höchst unterschiedlich ausfällt. Vergleichsarbeiten und zentrale Abiturprüfungen haben aber gezeigt, dass es diese Unterschiede nicht geben muss. So sollte zu Beginn der Überlegungen für ein Methodencurriculum die Gelegenheit genutzt werden, möglichst Einigung darüber zu erzielen, wie z.B. Präsentationen (s.S.74ff.), Facharbeiten, Literaturverzeichnisse, Markierungen und Strukturierungen vorgenommen werden sollen, damit die Schüler ihre Bemühungen dorthin richten können. Diese Überlegungen sollten abgestuft und aufeinander aufgebaut sein. Sicherlich ist es erstrebenswert, wenn Schüler des 6. Jahrgangs Zitate kenntlich machen und die Regeln der direkten und indirekten Rede beherrschen. Ob darüber hinaus Fußnoten in Texte eingefügt werden müssen, muss die Lehrerschaft entscheiden. Allerdings genügt es nicht, ein Arbeitsblatt mit den Regeln zu verteilen und zu glauben, damit sei der pädagogischen Pflicht Genüge getan. Alle Techniken, die bewertet werden sollen, müssen auch vermittelt und geübt worden sein. Dazu ist es nötig, dass ausgewählte Kollegen die Bewertungskriterien vereinbaren, offenlegen und sicherstellen, dass die vereinbarten Kriterien auch eingehalten werden müssen. Die Schüler und deren Eltern verlassen sich darauf.

! Alle bewerteten Techniken müssen auch vermittelt werden

Erstellung eines Methodencurriculums zur Vermittlung von Methoden an Schwerpunkttagen

Die REALSCHULE ENGER in Nordrhein-Westfalen hat als erste Schule in Deutschland ein systematisches Curriculum zur Förderung der Lernkompetenz vorgelegt (s.S.46). Dieses Curriculum ist in seiner Übersichtlichkeit und Organisationsstringenz bestechend. So werden spiralcurricular Inhalte eines breiten Spektrums von Lern- und Arbeitstechniken als Bausteine an so genannten Schwerpunkttagen neben kommunikativen und sozialen Bausteinen vermittelt. Von der Vermittlung elementarer Lern- und Arbeitstechniken bis hin zu Techniken, die Makromethoden wie Projektarbeit vorbereiten, finden sich Trainingsprogramme zur Herausbildung und Stärkung kooperativer und kommunikativer Kompetenzen.

Durch dieses Curriculum herrscht sowohl für die Lehrkräfte als auch für Schüler und Eltern Transparenz darüber, welche Methoden zu welchem Zeitpunkt wie vermittelt werden und was von den Schülern – auf die einzelnen Fächer hin angepasst – erwartet werden kann. Das Curriculum bietet in seiner Konsequenz sämtliche für Projektarbeit relevanten Methoden in fünf- bis sechsstündigen Trainingseinheiten bis Jahrgang 9 an. Der 10. Jahrgang ist in das Konzept der Realschule Enger nicht mit einbezogen, da nach deren Aussage „die Entscheidung für einen Beruf in den Mittelpunkt" rücke. Es gibt inzwischen eine ganze Reihe von Schulen im Bereich der Sekundarstufe I, die dieses Konzept übernommen und auf die eigene Schule hin angepasst haben. Die Rückmeldungen sind durchweg positiv. Allerdings wurde in persönlichen Gesprächen und Fortbildungen immer wieder deutlich, dass es vielfach noch nicht gelungen ist, die methodischen Inhalte der an Schwerpunkttagen vermittelten Bausteine in ein schulisches Gesamtkonzept zu integrieren.
Wenn Methodenlernen als Appendix zum eigentlichen Fachunterricht gedacht wird, dann kann der Ansatz, Schüler zum selbstständigen Lernen zu erziehen, nicht gelingen. Die Schwerpunkttage zum Methodenlernen mögen den Unterrichtsalltag für die Schüler auflockern und sie vom Stress des Leistungsdrucks befreien, ob den Schülern aber deutlich wird, dass es einen gemeinsamen Nenner zwischen grundsätzlichen Lern- und Arbeitsmethoden und fachspezifischer Methodik gibt, ist kaum wahrscheinlich. Nur wenn es gelingt, an Schwerpunkttagen verbindliche und einheitliche Grundlagen und Kriterien zu entwickeln, die dazu führen, dass Schüler im Fachunterricht davon profitieren, dann wird das Konzept von allen Beteiligten angenommen. Denn nicht zuletzt sind es häufig Lehrkräfte, die die Systematik durchbrechen, indem sie eigene Vorstellungen von der „richtigen" Vermittlung von Methoden in ihren Unterricht einbringen und so die Bedeutung der Schwerpunkttage aufheben. Ein vereinbartes Methodencurriculum sollte unbedingt die Grundlage für eine Vertiefung im Fachunterricht sein. Kann das nicht gewährleistet werden, so besteht kaum Aussicht darauf, Schülern und Eltern den Sinn von Schwerpunkttagen oder Trainingsphasen zu vermitteln.

Lehrkräfte durchbrechen häufig die Systematik

Erstellung eines Fachmethodencurriculums zur Vertiefung und weiterführenden Spezialisierung in den Fächern

Liegt ein verbindlich vereinbartes und inhaltlich ausgestaltetes Methodencurriculum vor, an dem sich der Großteil des Kollegiums in der Arbeit beteiligt hat, so können die Vereinbarungen auf die einzelnen Fächer transferiert werden. Wenn man z. B. vereinbart hat, dass auf Plakaten der Textanteil in einem ausgewogenen Verhältnis zum Bildanteil stehen muss, dann sollte das in jedem Fach berücksichtigt werden. Sollte es berechtigte Ausnahmen geben, so muss dies bei der Vermittlung deutlich und als Ausnahme herausgestellt werden.

Liegen zu allen Fächern Curricula vor – als Beispiel ist hier das Unterrichtsfach GuP (Gesellschaft und Politik) aufgeführt (s. S. 47) –, die Methoden aus dem Methodencurriculum als weiterführende Fachmethoden beinhalten, so ergibt sich ein Gesamtüberblick über die an einer Schule vermittelten und vorausgesetzten Grundlagen- und Fachmethoden. Dieser Gesamtüberblick sollte mit entsprechenden Vereinbarungen zum Umgang mit den Methoden transparent gemacht werden – z. B. auf der Homepage der Schule oder in einem Informationsschreiben –, damit alle Beteiligten jederzeit Zugriff auf den vereinbarten Methodenkanon haben. So empfiehlt es sich, einen schuleigenen Reader herzustellen, was dann sogar ein von der Schulleitung in Auftrag gegebenes Projekt mit einem wirklich sinnvollen und handfesten Produkt sein kann.

Die Vermittlung von Methoden und Techniken der Projektarbeit an überfachlichen Schwerpunkttagen ist sicherlich ein geeigneter Ansatz, weil den Schülern dadurch die Bedeutung dieser Techniken deutlich gemacht wird. Den immer wieder vorgebrachten Einwand, das sei „Methodentaumel" oder inhaltliche Beliebigkeit, entkräftet so ein Curriculum zur Förderung der Lernkompetenz aber nicht.

> *So sinnvoll es ist, bedeutsame Textpassagen zu unterstreichen oder Ergebnisse zu überprüfen: Es macht keinen Sinn, dies an einem isolierten Selbstlerntag im 5. Schuljahr an Scheinstoffen zu pauken – und zu hoffen, diese Fertigkeiten halten dann ein Lernleben lang. Metastrategisches Wissen lässt sich eben nicht direkt lehren, man kann es nur in konkreten Inhaltskontexten entwickeln.*
>
> *(Michael Felten 2012, 32)*

Dass diese Kritik von einem anderen Unterrichtsverständnis ausgeht, liegt auf der Hand.

Vermittlung von Methoden durch ein eigens dafür installiertes Unterrichtsfach

Ob *Afrikanische Kultur, Akrobatik* oder sogar *Glück;* es gibt eine ganze Reihe von alternativen Unterrichtsfächern. Ein durchgängiges Unterrichtsfach *Projekt* gibt es nach unserem Kenntnisstand bisher nur an der *Wilhelm-Fo-*

cke-Oberschule und der *Oberschule Mitte,* Bremen (seit 2010/11) sowie an der *Reinoldi-Sekundarschule,* Dortmund (seit 2013/14). Während ein systematisches Vermitteln von Methoden an Schwerpunkttagen die Frage nicht beantwortet, wie die erarbeiteten Methoden mit Inhalten verknüpft und in den Fächern nachgehalten werden, so bietet ein vollwertiges, eigenständiges Unterrichtsfach Projekt die Möglichkeit, Projektlernen systematisch und fächerübergreifend und mit konkreten, für Schüler relevanten und interessanten Inhalten zu institutionalisieren. An der *Wilhelm-Focke-Oberschule* wird das Fach Projekt durchgängig von Jahrgang 5 bis 10 zweistündig unterrichtet und gipfelt in der von der Bildungsbehörde als Teil der Abschlussprüfung installierten Projektprüfung.

Projekt als Unterrichtsfach

Die inhaltliche Ausgestaltung des Faches Projekt an der *Wilhelm-Focke-Oberschule* in Bremen lehnt sich am Methodenkanon der *Realschule Enger* und der durch *Heinz Klippert* benannten Makro- und Mikromethoden an (Klippert 1997, 28). Da Methodenlernen und Projektentwicklung nicht länger als zusätzlicher Zirkus dem Fächerkanon beigefügt wird, sondern immanenter Bestandteil der Schulkultur ist, herrscht bei Schülern, Eltern und Lehrern eine große Akzeptanz gegenüber dieser offenen und handlungsbezogenen Gestaltung von Unterricht.

Das Unterrichtsfach Projekt fungiert an der *Wilhelm-Focke-Oberschule* als Leitfach. Hier werden methodische Grundlagen vermittelt, erprobt und trainiert, so dass sie dann im Fachunterricht weiterentwickelt werden können. Dazu erfolgt im wöchentlichen Rhythmus eine Informationsveranstaltung für alle Lehrkräfte der Schule, die als interne Fortbildung im Terminplan verankert ist. Diese Veranstaltungen dienen dazu, einen verlässlichen und allgemeinen Kenntnisstand über die Inhalte zu erzielen und Vereinbarungen darüber zu treffen, nach welchen Regeln Methoden vermittelt, vereinheitlicht und bewertet werden.

Das Ziel dieses Faches ist es, neben der Vermittlung grundlegender Lern- und Arbeitsmethoden, z. B. anhand der in der Liste aufgeführten Projektthemen (s. S. 49), Schülern einen dreistufigen Rahmen für Projektarbeit so zu stecken, dass ein Höchstmaß an Selbstständigkeit und Selbsttätigkeit gewährleistet werden kann. Dazu bedarf es der Verständigung mit den Kollegen anderer Fächer, so dass fächerübergreifende, ziel- und produktorientierte Projekte realisiert werden können. So kann dies unter dem Gesichtspunkt erfolgen, dass das Unterrichtsfach Projekt das methodische und das andere beteiligte Fach das fachwissenschaftliche Know-how in das Projekt einbringt. Der Stundenanteil für die Durchführung eines Projekts wird so erhöht und einzelne Projekte können dadurch leichter realisiert werden.

An der *Wilhelm-Focke-Oberschule* ist jedem Jahrgang zudem ein Thema zugeordnet, das ein zielgerichtetes methodisches Training auf der Basis eines konkreten Inhaltskontextes bietet. So sind derzeit folgende Themen inhaltlicher Gegenstand des Projektunterrichts, aus dem konkrete, handlungs- und produktorientierte Vorhaben entwickelt werden, in denen die Schüler die jeweiligen Techniken erproben können, Kompetenzen für deren Umsetzung erwerben und deren Nutzen bei der Durchführung und Auswertung erkennen.

Jahrgang 5:	Lernen – Denken, Verstehen, Behalten
Jahrgang 6:	Lesen und Schreiben – Vom Textverständnis zum eigenen Buch
Jahrgang 7:	Reise – Orientierung auf der Erde
Jahrgang 8:	Bewegung – Sport und Gesundheit
Jahrgang 9:	Arbeit – Vom Hobby zum Beruf
Jahrgang 10:	Zukunft – Planen und verantworten

Vermittlung von Methoden in fächerübergreifenden Projekten

Projektarbeit geht immer von einer bei Schülern bereits vorhandenen Methodenkompetenz oder zumindest davon aus, dass methodische Kompetenzen durch die Projektarbeit erworben werden. Sollten bei Projektvorhaben spezielle Fähigkeiten (z. B. Recherchetechniken in wissenschaftlichen Bibliotheken, Präsentationstechniken mit Prezi© oder anderen Präsentationsmedien) vorausgesetzt werden, so müssen diese vor Beginn des Projekts definiert und vermittelt werden. Je mehr Transparenz und Verlässlichkeit hergestellt wird, umso eher können Schüler ihren Erfolg planen und erlangen.

Implementierung von Projektphasen innerhalb der Jahrgänge

Um die Entwicklung von Projektarbeit an einer Schule nicht dem Zufall und dem Engagement einzelner Lehrkräfte zu überlassen, sondern im Schulcurriculum zu verankern, müssen Projektphasen langfristig geplant werden und im Jahresarbeitsplan ihren Platz finden. Es stehen mehrere Möglichkeiten zur Verfügung, Projektphasen horizontal in den Jahrgängen zu implementieren, z. B. als …

- wiederkehrendes Thema innerhalb eines Unterrichtsfaches, an eine bestimmte Jahrgangsstufe gebunden,
- fächerübergreifendes Vorhaben innerhalb eines Jahrgangs,
- Jahrgangsprojekt oder
- klassische Projektwoche für die gesamte Schule, die sich inhaltlich aus einem Problem oder einer themenübergreifenden Idee ergibt, deren Unterthemen auf die einzelnen Jahrgänge verteilt werden.

Implementierung von jahrgangsübergreifenden Projektphasen
Die Möglichkeit, Projektphasen in einer Schule vertikal zu verankern, stellt eine besondere Herausforderung dar und hängt vielfach davon ab, wie einzelne Lehrkräfte in verschiedenen Jahrgängen eingesetzt sind. Ein nicht unerheblicher Faktor bei diesen organisatorischen Vernetzungen ist das Verständnis und das Unterstützungspotenzial der Kollegen untereinander. Schüler einer 5. Jahrgangsstufe, die mit Schülern eines höheren Jahrgangs zusammenarbeiten, erleben Unterricht aus einer völlig neuen Perspektive. Je nach pädagogischem Ziel können die älteren Schüler als gleichwertig, unterstützend oder auch als Lernende angesehen werden. So wünschenswert es auch sein mag, realisieren lassen sich vertikal verankerte Projektphasen nur selten.

Evaluation der systematischen Vermittlung von methodischen Kompetenzen
In regelmäßigen Abständen muss überprüft werden, welchen Nutzen die eingeleiteten Maßnahmen haben. Dies sollte auf drei Ebenen stattfinden. Zunächst müssen die im Unterricht systematisch vermittelten Methoden aufgelistet werden. Die unterrichtende Lehrkraft muss dazu ihre Einschätzung abgeben, inwiefern diese Methoden den weiterführenden Zielen gedient haben. Wenn Methoden zielgerichtet eingeführt wurden, so sollte dies den Schülern bewusst sein und von Eltern zumindest wahrgenommen worden sein.
Einen entsprechenden Evaluationsbogen finden Sie auf S. 50.

„Lernen ist Erfahrung, alles andere ist Information." *(Albert Einstein)*

Methodencurriculum Realschule Enger

Kl..	September	Oktober	November	Dezember	Januar	Februar	März/April	Mai/Juni	Kooperative Lernformen
10			Rhetorik						A-B-Methode Appoitment Ausstellung
9	Wiederholungszyklus	Mindmapping 3	Projektarbeit			Bewerbertraining			Doppelstuhlkreis Galeriegang Graffiti
8	Wiederholungszyklus	Präsentationstechniken 1	Präsentationstechniken 2	Wirkung von Sprache	Zeitplanung	Aktives Zuhören	Selbstüberprüfung		Gruppenpuzzle Gruppenrallye Marktplatz
7	Wiederholungszyklus	Notizen	Informationsbeschaffung		Visualisierungstechniken		Brainstorming	Gruppenarbeit 3	Murmelgruppen Numberedheads-together one stay – three stray
6	Wiederholungszyklus	Lesetechniken	markieren/strukturieren	mündliche Mitarbeit 2	Klassenarbeiten	Präsentation *light*	Mind-Mapping 2	Arbeit mit Nachschlagewerken	Partnercheck Placemat
5	Methoden Einführungswoche	mündliche Mitarbeit 1	Hausaufgaben	Mindmapping 1	Gruppenarbeit 1	effektiv lernen 1	Gruppenarbeit 2	effektiv lernen 2	Think-Pair-Share Trade-a-Problem Vier Ecken
	September	Oktober	November	Dezember	Januar	Februar	März/April	Mai/Juni	Kooperative Lernformen

Bausteine zur Förderung der Methodenkompetenz

Bausteine zur Förderung der Kooperationskompetenz

Bausteine zur Förderung der Kommunikationskompetenz

aus: http://www.rsenger.de/content/view/106/174/

Inhalte GuP – Gesellschaft und Politik

Jahrgang	Bis zu den Herbstferien	Bis zu den Weihnachtsferien	Bis zu den Zeugnisferien	Bis zu den Osterferien	Bis zu den Sommerferien
10	**22 – Weimarer Republik** Zeitleiste, Plakatanalyse	**23 – Faschismus und Nationalsozialismus** Gedenken/Erinnern		**24 – Deutschland nach 1945** Bildanalyse	**25 – Probleme der Globalisierung** Recherche
9	**18 – Klimatische Veränderungen**	**19 – Nationalismus bis Reichsgründung** Denkmalanalyse		**20 – Demokratie: Herausforderungen und Entwicklung** Debatte/Rollenspiel	**21 – Kolonialismus, Imperialismus und 1. Weltkrieg**
8	**14 – Absolutismus und Aufklärung** Bildanalyse	**15 – Revolutionen in F und D im 18./19. Jahrhundert** Karikaturen		**16 – Lebens- und Wirtschaftsräume der Erde** Diagramme	**17 – Industrialisierung**
7	**10 – Das Mittelalter Stadt im Mittelalter** Mindmapping	**11 – Epochenwende: Entdeckung, Reformation** Kartenarbeit		**12 – Klimazonen** Klimadiagramme	**13 – Jugend und Demokratie** Debatte
6	**6 – Antike – Griechenland** Geschichtskarten	**7 – Antike – Römer und Germanen** Textquellenanalyse		**8 – Wetter und Naturkatastrophen** Literaturrecherche	**9 – Bremen**
5	**1 – Orientierung im Raum: Schule, Schulweg** Kartenarbeit	**2 – Leben in der Steinzeit** Gruppenarbeit		**3 – Staaten Europas und der Erde** Mindmapping	**4 – Frühe Hochkulturen** / **5 – Planeten**

	September	Oktober	November	Dezember	Januar	Februar	März	April	Mai	Juni	Juli

Erdkunde | Politik

Name: Klasse: Datum:

Interpretation von bildlichen Quellen

Was?	Ein Bild (Gemälde, Foto, Karikatur) wird im Geschichtsunterricht wie eine Quelle behandelt. Ziel einer Bildinterpretation ist es, das Bild als Quelle „zum Sprechen zu bringen". Dabei wird versucht, bezogen auf eine Leitfrage oder mehrere Leitfragen, Informationen und Erkenntnisse zu gewinnen. Ein Bild zu interpretieren bedeutet, dass das im Bild Dargestellte nicht einfach als Tatsache angesehen und übernommen wird, sondern dass die Bilddarstellung kritisch überprüft und hinterfragt wird.
Wie?	**Eine Bildinterpretation erfolgt in vier Schritten** **1. Betrachtung – Einschätzung – Einordnung** • Erste Eindrücke und Fragen zum Bild notieren. • Was weiß ich über den Inhalt der bildlichen Quelle bereits? Was möchte ich herausfinden? • Was ist in der Zeit, die das Bild abbildet, geschehen? • Was ist in der Zeit, in der das Bild entstanden ist, geschehen? **2. Beschreibung** • Welche Farben wurden verwendet? • Wer oder was wird dargestellt? • Wie wird es oder die Person dargestellt? • Wie ist die Komposition des Bildes? (Vordergrund/Hintergrund) • Was sind besondere Auffälligkeiten? **3. Deutung – Urteil** • Was sollen die Details/Symbole/Farben aussagen? • An wen richtet sich die Darstellung? • Welche Aussage vermittelt das gesamte Bild? **4. Zusammenfassung** • Ergebnisse aus den ersten drei Schritten zusammenfassen • Antworten auf die Leitfragen geben • Persönliche Einschätzung der Wirkung des Bildes geben.
Quellen	Literatur: • Bauer u. a. (Hrsg.): Methodenarbeit im Geschichtsunterricht. Berlin 2007 • Sauer, Michael: Geschichte, Das Methodenbuch. Seelze/Velber 2003

Inhalte Unterrichtsfach Projekt

Jahrgang	Bis zu den Herbstferien		Bis zu den Weihnachtsferien	Bis zu den Zeugnisferien		Bis zu den Osterferien			Bis zu den Sommerferien		
10 Zukunft	**Projektplanung und Durchführung als Teil der Abschlussprüfung**					**Planung und Durchführung einer Abschlussfeier**					
9 Arbeit	**Bewerbertraining II**		**Computerpräsentation**			**Film als Präsentationsform**					
8 Bewegung	**Präsentation II**		**SAL***	**Präsentation III**			**Zeitplanung**		**Selbstüberprüfung**	**Bewerbertraining I**	
7 Reise	**Wiederholung**	**Notizen**	**Informationsbeschaffung**			**Internetrecherche**	**SAL**		**Visualisierungstechniken**	**Brainstorming**	
6 Lesen u. Schreiben	**Wiederholung – Plakatgestaltung**	**SAL**	**Lesetechniken Markieren – Strukturieren – Exzerpieren**			**Mündliche Mitarbeit**	**SAL**		**Arbeit mit Nachschlagewerken**	**Präsentation I**	
5 Lernen	***s. u.**	**Lerntechniken**	**Gruppenarbeit I**			**Mindmapping Informationsbeschaffung**			**SAL**	**Ausstellung Plakatgestaltung**	
	September	Oktober	November	Dezember	Januar	Februar	März	April	Mai	Juni	Juli

* Einführungswoche (Mappenführung, Klassenregeln etc.)

**SAL (Selbstständiges Arbeiten und Lernen)

Name: Klasse: Datum:

Methoden im Unterricht – Rückmeldungen

Liebe Schüler, liebe Eltern,
in den vergangenen Wochen haben wir uns mit dem Thema ______________________________ im Rahmen einer Projektarbeit beschäftigt. Dazu haben wir Methoden im Unterricht erarbeitet, die für das Gelingen des Projekts von Bedeutung waren. Hier zunächst meine Einschätzung, wie folgende Methoden von den Schülern im Allgemeinen genutzt wurden:

Markierungstechniken	☺☺	☺	😐	☹
Markierungsregeln sind bekannt.				
Markierungsregeln werden eingehalten.				
Markierungsregeln werden ohne Aufforderung eingesetzt.				
Visualisierungstechniken				
Mehrere Techniken der Visualisierung sind bekannt.				
Visualisierungstechniken können zielgerichtet und problemorientiert eingesetzt werden.				
Diagramme und Grafiken können analysiert und gedeutet werden.				

Eltern/Erziehungsberechtigte

Markierungstechniken	☺☺	☺	😐	☹
Mein Kind kann die vermittelten Markierungsregeln verwenden.				
Mein Kind hält die vermittelten Markierungsregeln ein.				
Mein Kind nutzt auch in anderen Fächern die vermittelten Markierungstechniken und -regeln.				
Visualisierungstechniken				
Mein Kind kann Grafiken und Diagramme selbstständig erstellen.				
Mein Kind kann fremde Grafiken und Diagramme deuten.				

Schüler

Markierungstechniken	☺☺	☺	😐	☹
Mir helfen die vermittelten Markierungsregeln dabei, Texte besser zu bearbeiten und zu verstehen.				
Ich nutze die vermittelten Markierungsregeln auch in anderen Fächern.				
Visualisierungstechniken				
Ich weiß, welche Diagramme und Grafiken ich nutzen muss, um Verhältnisse darzustellen.				
Ich kann jetzt fremde Grafiken und Diagramme selbstständig deuten.				

2.1 Methodische Voraussetzungen

Als wir im August 2005 an das *Alexander von Humboldt Gymnasium* in Bremen kamen, herrschte große Aufregung darüber, wie man mit dem Erlass der Schulbehörde umgehen solle, eine im Rahmen der Abiturprüfung eingegliederte Projektprüfung durchzuführen. Es gab keine verwertbaren Vorgaben, keine strukturierte Planungsgrundlage und keine Erfahrungen im Kollegium, wie man Projekte anbahnt, entwickelt und schließlich abprüft.

Schnell zeigte sich, dass nur durch eine langfristige, systematisch aufeinander aufbauende Entwicklung von Lernkompetenz die Schüler dazu befähigt werden würden, den Anforderungen der Schulbehörde gerecht zu werden. Hilfreich war das funktionale Konzept der Realschule Enger, das mit seinen an Schwerpunkttagen zu vermittelnden überfachlichen Bausteinen zur Förderung der Lernkompetenz die geeignete Grundlage bot, sofort zu handeln. So konnten die Inhalte der einzelnen Bausteine sinnvoll in ein Gesamtkonzept eingearbeitet werden, das den Schülern einen Orientierungsrahmen für ihre Arbeit am Projekt gab. Darüber hinaus entwickelte sich in den folgenden Jahren am *Alexander von Humboldt Gymnasium* in Bremen ein gewisses Selbstverständnis – sowohl in der Lehrerschaft als auch in der Schülerschaft – dafür, wie Unterrichtsvorhaben projektorientiert geplant, durchgeführt und ausgewertet werden können. Begriffe wie Zielformulierung, Meilenstein oder Produkt wurden den Schülern schon in der Mittelstufe zu geläufigen und praktikablen Begriffen. So fügten sich die einzelnen Module zu einem systematischen Konzept zusammen, das zielgerichtetes, projektorientiertes Arbeiten deutlich erleichterte.

In der Tabelle auf S. 52 sind Techniken und Methoden aufgelistet, die für die erfolgreiche Durchführung von Projekten unabdingbar sind. Sie bilden das Fundament, auf dem inhaltliche Gestaltungen erst möglich werden. Diese können an sogenannten Schwerpunkttagen vermittelt werden oder auch gebunden an Fachinhalte im Fachunterricht.

In den folgenden Kapiteln findet sich eine kleine Auswahl von Modulen, Unterrichtsvorhaben, Übungen und Arbeitsblättern, die im Fachunterricht oder auch in fächerübergreifenden Zusammenhängen eingesetzt werden können, um Projektarbeit anbahnen und entwickeln zu können. Je nach Projektidee und zu erstellendem Produkt gibt es unterschiedliche methodische Voraussetzungen, die eingeübt, vertieft oder angepasst werden müssen. Das bedeutet, dass jeder Schüler ein gewisses Repertoire an Methoden parat haben muss, um ein Projekt zielgerichtet angehen zu können. Im günstigsten Fall hat sich das Kollegium einer Schule auf einen Kanon zu vermittelnder Methoden geeinigt, der für Schüler einen Orientierungsrahmen bildet, in dem Projektarbeit entwickelt werden kann. Die vorgelegten Beispiele erheben keinen Anspruch auf Vollständigkeit. Die Bewertungsbögen haben sich in der Praxis bewährt, sollten von Ihnen aber auf die Bedürfnisse Ihrer Schule hin angepasst werden.

Motivierung	Planung	Durchführung	Dokumentation	Reflexion
Brainstorming-techniken	Techniken zur Anfertigung von Notizen	Markierungs- und Strukturierungs-techniken	Präsentations-techniken	Evaluations-techniken
	Zeitplanung	Techniken der Gruppenarbeit	Visualisierungs-techniken	
	Projektplanungs-techniken	Recherche-techniken		
		Texterarbeitungs-techniken		
		Selbstüber-prüfungstechniken		

Den jeweiligen methodischen Modulen, Unterrichtsvorhaben und Übungen ist ein Beispiel für ein Jahrgangs- oder Klassenprojekt vorangestellt, auf das sich einzelne Arbeitsblätter beziehen. Diese Projekte sind von uns in den letzten Jahren initiiert, begleitet und durchgeführt worden. So können Sie diese Projekte als Anregung zur Nachahmung verstehen, auf ihre Lerngruppe hin anpassen oder auch mit anderen Inhalten füllen.
Ob Sie ein Projekt initiieren, um Methoden zu vermitteln oder Methoden vermitteln, um ein Projekt durchführen zu können, spielt keine Rolle. Entscheidend ist, dass am Ende ein Produkt entsteht, das von den Schülern erarbeitet wurde und das Nachhaltigkeit aufweist.
Besonders nachhaltig ist die Vermittlung von Methoden, wenn sie zertifiziert werden. Den Schülern wird der Stellenwert deutlich, zudem sammeln sie so im Laufe der Sekundarstufe I Nachweise, die für eine spätere Bewerbung von Bedeutung sein können. Ein Formblatt ist als Beispiel zur Orientierung beigefügt (s. S. 53).

Name: Klasse: Datum:

Nachweis Teilnahme an Bausteinen zur Förderung der Lernkompetenz

Die Schülerin / der Schüler hat im Rahmen des Unterrichts im Fach Projekt in den Jahrgängen 5 und 6 an folgenden Bausteinen zur Förderung der Lernkompetenz teilgenommen:

Jahrgang	Bausteine	☺	😐	☹
5	Lerntechniken			
5	Regeln der Gruppenarbeit			
5	Mindmapping			
5	Planung, Durchführung und Auswertung einer Ausstellung			
6	Regeln der Plakatgestaltung			
6	Lesetechniken			
6	Markieren – Strukturieren – Exzerpieren			
6	Techniken des Nachschlagens			

Platz für Anmerkungen

Datum, Unterschrift Kursleiter/in Schulstempel Datum, Unterschrift Schulleiter/in

2.2 Lernmethoden

Methode ist die Mutter des Gedächtnisses. (Thomas Fuller)

Eine Methode ist wie ein Werkzeug, das ich verwende, um Gegenstände fest miteinander zu verbinden oder voneinander zu trennen. Methode hat also immer etwas mit Systematik und Ordnung zu tun. Ich ordne und systematisiere Inhalte, um sie übersichtlich zu arrangieren und um sie wiederzufinden. Eine Vokabel, die ich systematisch und mit der Hilfe von geeigneten Werkzeugen gelernt habe, kann ich jederzeit wiederfinden. Da unser Bildungssystem von Schülern vor allem die Reproduktion von Wissen verlangt – *„als Kompetenzen definiert, durch Lehrpläne festgelegt, in Fächer parzelliert, in Fünfundvierzig-Minuten-Häppchen portioniert, in Klausuren und Tests abgefragt und durch Zensuren bewertet, steht von vornherein fest, was exakt ein Schüler tun und was dabei als Ergebnis herauskommen soll"* (Precht 2013, 9) – ist es von nicht zu unterschätzender Bedeutung, dass Schüler über ein breites Spektrum an Lerntechniken und -strategien verfügen, um in diesem System Erfolg haben zu können.

Üblicherweise wird im 5. Jahrgang eine Reihe von Lerntechniken vorgestellt mit dem Ziel, dass sich Schüler gemäß ihres Lerntyps selbstständig Lernstrategien erarbeiten und diese zielgerichtet einsetzen. Die Vermittlung von basalen Lerntechniken erfolgt zumeist an Schwerpunkttagen, einer Einführungswoche oder innerhalb von Einheiten zum Methodentraining. Diese Methoden werden an beliebigen Inhalten vorgeführt und es wird eindrucksvoll vermittelt, dass man mit ihnen Inhalte sehr leicht behalten könne. Leider bleibt es häufig bei der Demonstration von verschiedenen Mnemotechniken (Karteikarten, Bildergeschichten, Loci-Techniken, Fantasiereisen, Zahlenbilder etc.). Im weiterführenden Fachunterricht wird dann entweder nie oder äußerst selten wieder darauf zurückgegriffen. Jeder Schüler bleibt sich beim Lernen selbst überlassen.

In Projektzusammenhängen haben basale Lerntechniken eine eher untergeordnete Bedeutung, da sie im Prinzip erst bei der Präsentation der Ergebnisse genutzt werden, um einen Vortrag frei und ohne Hilfsmittel halten zu können. Aus diesem Grund konzentrieren wir uns auf die Technik des Mindmappings, die bei der Durchführung von Projekten und der Präsentation von Ergebnissen als Technik der Strukturierung sowie der Vereinfachung und Veranschaulichung von Inhalten eine große Rolle spielen kann.

Mindmapping

Mindmaps dienen dazu, komplexe Inhalte in übersichtlichen und gehirngerecht visualisierten Kategorien – den Haupt- und Nebenästen – als Baumdiagramme darzustellen. Diese Technik, die im Prinzip nichts anderes ist, als schriftliche Notizen mit bildlichen Symbolen zu verbinden, bietet vor allem den Vorteil, dass Informationen jederzeit hinzugefügt werden können. Eine Mindmap ist niemals abgeschlossen und unbegrenzt erweiterbar und somit als Technik ideal für die Planung und Organisation von Projekten einzusetzen. Für Projektarbeit können Mindmaps in unterschiedlichen Dimensionen verwendet werden, z. B. als

- strukturierte Sammlung von Informationen bei einem Brainstorming,
- Verlaufsdokumentation,
- Präsentationsgrundlage,
- Notizsammlung sowie
- Zeitplanungsdiagramm.

Das Erlernen der Technik des Mindmappings erfordert nicht nur sehr viel Geduld, sondern fordert und fördert die Fähigkeit zu strukturiertem Denken und Arbeiten. Insofern ist es naiv zu glauben, dass sich Schüler an einem Selbstlern- oder Methodentag diese Technik erschließen können. Unsere Erfahrungen besagen, dass nur eine vielseitige Verwendung dieser Technik in allen Lernzusammenhängen schlussendlich dazu führt, dass Schüler Mindmaps zu ihrem Nutzen einsetzen. Da die Vermittlung von Lern- und Arbeitstechniken immer nur als Angebot verstanden werden kann, sollten andere Strukturtechniken, wie Networks oder Tabellen ebenfalls vermittelt werden.

Projektidee:	Vorbereitung und Durchführung einer gemeinsamen schriftlichen Überprüfung im 5. Jahrgang zu ausgewählten Staaten der Erde
Beteiligte Schüler:	Alle Schüler des 5. Jahrgangs
Thema:	Staaten der Welt
Inhalt:	Systematisierung von Informationen zu ausgewählten Staaten in einer Mindmap
Ziel:	Erarbeitung von individuellen Mindmaps als übersichtliche Informationsgrundlage für eine schriftliche Überprüfung
Zeitrahmen:	8 Wochen
Kosten:	Ca. 60 Euro für Plakate
Öffentlichkeit:	Durchführung der schriftlichen Überprüfung; Dokumentation als Information für Eltern

Beim o. g. Projektbeispiel für Schüler der Jahrgangsstufe 5 liegt der Schwerpunkt der Aufgabe darin, Informationen aus Sachbuchtexten so herauszuarbeiten, dass sie in eine Struktur gebracht werden können (s. KV: Information: Staaten der Erde, Downloadlink, S. 18). Diese Sachbuchtexte müssen dem jeweiligen Niveau der Schüler angepasst werden und möglichst schon

durch Abschnittsüberschriften so strukturiert sein, dass es den Schülern leicht fällt, die Informationen mit den Mindmapping Regeln (s. S. 57) in einen Zusammenhang zu bringen.
Die fertige Mindmap zu einem Staat dieser Erde dient anschließend als Grundlage für eine Präsentation. Der Effekt dieser Technik liegt darin, dass man nur wenige Begriffe lernen muss – was durch die Verbildlichung durch Symbole leichter fällt. So hat sich gezeigt, dass die Inhalte eines Begriffes, der dann wieder in ganzen und selbst formulierten Sätzen erklärt werden muss, einen ungefähren Zeitrahmen für eine Präsentation bieten: 10 Begriffe = 1 Minute, 20 Begriffe = 2 Minuten, 30 Begriffe = 3 Minuten usw. So lässt sich der zeitliche Umfang einer Präsentation oder eines Vortrags mit einer Mindmap ziemlich genau planen.
Dass es sich bei dem vorliegenden Beispiel um eine Projektanbahnung handelt, ist offensichtlich, da sämtliche Arbeitsschritte vorstrukturiert sind. Neu gegenüber herkömmlichen Informationssammlungen ist aber, dass die Ergebnisse in einer Qualität vorgelegt werden müssen, dass andere Schüler einen Nutzen davon haben. In einem dreizügigen Jahrgang können bis zu 90 verschiedene Staaten auf die Schüler verteilt werden. Jede Klasse erhält in der Präsentationsphase also nur von 30 Staaten Informationen. Die schriftliche Überprüfung sollte aber so gestaltet sein, dass es zu sämtlichen 90 Staaten Aufgaben gibt (z. B.: Nenne Staaten der Welt, in denen Elefanten in freier Wildbahn leben), die von den Schülern bearbeitet werden müssen. Das bedeutet, dass die Schüler auf erworbenes Wissen ebenso zurückgreifen können wie auf die vorliegenden Informationen in Form der Mindmaps. So erhalten die Produkte des Projekts einen Wert, weil alle Schüler von qualitativ hochwertigen Mindmaps profitieren.
Um diese schriftliche Überprüfung durchführen zu können, muss ein großer Raum zur Verfügung gestellt werden, z. B. Aula oder Turnhalle. Die farblich nach Kontinenten unterschiedenen Plakate mit den Mindmaps werden geografisch entsprechend in der Aula auf den Boden gelegt. Die Schüler dürfen ihre Mappe mit den Notizen aus den Präsentationen zur schriftlichen Überprüfung mitbringen. Während sie die Aufgaben lösen, dürfen die Schüler umhergehen und sich Informationen aus den Mindmaps suchen. Wichtig ist aber, dass dabei kein Schüler sprechen darf.
Diese Form der schriftlichen Überprüfung sorgt in jeder Hinsicht für Begeisterung, da die Schüler zu schätzen wissen, dass hier mehrere Dimensionen (Reproduktion, Informationsbeschaffung, Informationsdokumentation) des Lernens „abgeprüft“ werden. Übrigens: Die Versuche, sich von anderen Schülern Informationen zu beschaffen, liegen hier deutlich unter der Quote herkömmlicher schriftlicher Arbeiten.

Name: Klasse: Datum:

Mindmapping-Regeln

1. Mindmap im Querformat
2. Thema in der Mitte
3. Hauptäste in Blockbuchstaben
4. Äste mit dem Thema verbunden
5. Haupt- und Nebenäste in einer Farbe
6. Wenige Begriffe (1 bis 3) pro Ast
7. Nebenäste in Druckbuchstaben
8. Viele Neben- und Unteräste vorhanden
9. Symbole und Bilder vorhanden
10. Viele Informationen kreativ verarbeitet
11. Mindmap bunt und farbig gestaltet
12. Hauptäste nummeriert

Name: Klasse: Datum:

Bewertung Mindmap

Staat: ______________________________

Regeln	☺ 1 Punkt	😐 ½ Punkt	☹ kein Punkt
1. Mindmap im Querformat			
2. Thema in der Mitte			
3. Hauptäste in Blockbuchstaben			
4. Äste mit dem Thema verbunden			
5. Haupt- und Nebenäste in einer Farbe			
6. Wenige Begriffe (1 bis 3) pro Ast			
7. Nebenäste in Druckbuchstaben			
8. Viele Neben- und Unteräste vorhanden			
9. Symbole und Bilder vorhanden			
10. Viele Informationen kreativ verarbeitet			
11. Mindmap bunt und farbig gestaltet			
12. Hauptäste nummeriert			

☺ 10–12 Note 1

☺ 9– 7 Note 2

😐 6– 5 Note 3

😐 4– 3 Note 4

😐 2– 1 Note 5

☹ 0 Note 6

2.3 Texterarbeitungstechniken

Im Umgang mit Literatur wäre es eine gute Regel, das Selbermachen vor oder neben jede Interpretation zu stellen. (...) Ein Kunstwerk wirklich zu verstehen, setzt eigentlich voraus, dass man sich selbst einmal daran versucht hat.
(Richard D. Precht 2013, 263)

Ein Großteil des Fachunterrichts ist textlastig, also von Lesen und Schreiben bestimmt. Umso erstaunlicher ist es, dass der Vermittlung der Technik des sogenannten sinnentnehmenden Lesens wenig Aufmerksamkeit geschenkt wird. Dies sollte eine Domäne des Unterrichtsfaches Deutsch sein, ist es aber nicht. Vielmehr ringt jedes Fach um die *richtige* Lesetechnik. Die Kritik, dass es die eine Lesetechnik nicht gebe, schließlich müsse man in Mathematik ganz andere Schlüsselwörter aus dem Text herausarbeiten, greift aus unserer Sicht zu kurz. So steht bei jeder Herangehensweise an einen Text zunächst einmal als **Phase 1** die Frage im Vordergrund, worum es in dem Text geht. Dies kann in naturwissenschaftlichen oder mathematischen Zusammenhängen andere Antworten generieren als z. B. in fremdsprachlichen Texten. So können einerseits Nomen und Verben als Schlüsselwörter herausgearbeitet werden, um den Inhalt eines Textes zu verstehen, aber andererseits auch Numerale, Präposition, Adverbien etc., um sich ein mathematisches Problem zu erschließen. Entscheidend ist, dass der Schüler weiß, welche Textbestandteile in **Phase 2** zur Lösung der Aufgabenstellung von zentraler Bedeutung sind. In **Phase 3** sollte schließlich der Schritt gelingen, dass der Schüler aus einer passiven in eine aktive Rolle wechselt. Er macht den gelesenen und bearbeiteten Text zu seiner Sache, indem er ihn mit eigenen Worten wiedergeben kann. Die drei Phasen entsprechen im Wesentlichen denen der Herangehensweise an ein Projekt – Phase 1: Motivierung, Planung; Phase 2: Durchführung; Phase 3: Dokumentation, Reflexion.

3-Phasen-6-Schritte-Lesetechnik

Die 3-Phasen-6-Schritte-Lesetechnik ist einerseits eine Vereinfachung der bekannten, häufig als 5-Schritt-Lesemethode bezeichneten Herangehensweise an Texte, andererseits aber auch eine Erweiterung, da der Schritt Lesen nicht explizit vorgesehen ist. Vielmehr muss ein Text in den Schritten 1 bis 4 immer wieder in Sinnabschnitte unterteilt selektiv gelesen werden.

Das vorliegende Beispiel eines Vorhabens mit dem Thema Helden (s. Downloadlink, S. 18) impliziert eine sukzessive methodische Herangehensweise an die eigentliche Aufgabe, eine Heldengeschichte zu schreiben. Dies kann über einen längeren Zeitraum entwickelt werden oder durchaus auch an einem eigens dafür eingerichteten Methodentag, der als Auftakt für das Projekt genutzt werden kann.

Projektidee:	Eigene Texte verfassen, die zu einer Buchveröffentlichung führen
Beteiligte Schüler:	Alle Schüler des 6. Jahrgangs
Thema:	Helden
Inhalt:	Kurzgeschichten schreiben
Ziel:	Erarbeitung einer an Kriterien gebundenen, veröffentlichungswürdigen Geschichte mit einer Hauptperson, die Heldenhaftes vollbringt; Gestaltung einer Illustration der Geschichte
Zeitrahmen:	4 Monate
Kosten:	Ca. 700 Euro für Druck von 250 Exemplaren mit 80 Seiten im DIN-A5-Format; Reduzierung der Kosten durch Anzeigen
Öffentlichkeit:	Verkauf für 5 Euro in Buchhandlungen im Stadtteil und in der Schule; Lesungen in Seniorenheimen, Büchereien und Buchhandlungen

Abbildung: Ralf Dornbusch

Die Schüler sollten zunächst mit der 3-Phasen-6-Schritte-Lesetechnik vertraut gemacht werden, mit der dann in allen Fächern gearbeitet werden soll (s. S. 62). Jede einzelne Phase muss dazu mit verschiedenen motivierenden Übungen verdeutlicht werden. Das Arbeitsblatt Texterschließung (s. S. 63) lässt sich dazu verwenden, den Schülern zu verdeutlichen, dass man einen Text nicht Wort für Wort lesen muss, um zu wissen, worum es in dem Text geht. Im Durchschnitt benötigen Schüler der 6. Jahrgangsstufe 30 Sekunden, um herauszufinden, dass der gesuchte Gegenstand ein Löffel ist (Phase 1). Eine Sammlung der Begriffe (Metall, Tisch, Werkzeug, Laffe, Stiel, Flüssigkeit, Nudelbuchstaben, Schale, Essen, Suppe), die dazu beitragen, den Begriff Löffel zu ermitteln, verdeutlicht sehr schnell, dass nur ein geringer Anteil des Textes zur Klärung der Frage, worum es geht, beiträgt (Phase 2).

Wenn man nun alle genannten Begriffe streicht, so ergibt die Geschichte keinen Sinn mehr, der Begriff Löffel ließe sich nicht mehr ermitteln. Allerdings stellen Schüler auch sehr schnell fest, dass eine Liste mit Begriffen weniger spannend zu lesen ist als eine in eine Geschichte verpackte Rätselaufgabe. Und schon sind Schüler motiviert, eigene Rätselgeschichten zu entwickeln (Phase 3).

Dass längere Texte durch Absätze strukturiert sind, lässt sich auf den ersten Blick erkennen. Wenn Schüler nun aufgefordert werden, einen Text zu markieren, ergeben sich völlig unterschiedliche Ergebnisse.

Ein vorgefertigter Informationstext (s. Downloadlink, S. 18) kann helfen, Strukturen eines Textes deutlich zu machen. Neben weiterführenden Übungen muss nun herausgearbeitet werden, was einen Helden ausmacht. Dazu

können Heldengeschichten, die sich mit realen, sagenhaften oder erfundenen Helden beschäftigen oder diese beschreiben oder von Schülern selbst gelesene Beispiele (Harry Potter, Donald Duck, Asterix etc.) vorgelegt werden. Der Arbeitsauftrag – Was macht einen Helden heldenhaft? (s. Downloadlink, S. 18) gibt den Überlegungen eine Struktur.
Wenn sich die Schüler mit verschiedenen Helden beschäftigt haben, deren Geheimnisse und Hilfsmittel ergründet und sie vor der Klasse womöglich präsentiert haben, können sie damit beginnen, eine eigene Geschichte auf der Basis des Arbeitsauftrages – Heldengeschichte schreiben (s. Downloadlink, S. 18) zu schreiben. Dabei hat sich bewährt, dass von den ersten Entwürfen bis hin zur digital vorgelegten Endfassung immer wieder Rückmeldungen durch die Lehrkraft erfolgen. Einem Bewertungssystem entsprechend bietet sich eine Klassifizierung an:

👍	Leider hast du bisher nur eine Idee, aber noch keine Geschichte vorgelegt.
👍👍	Man kann erkennen, dass du dir Gedanken für eine spannende Geschichte gemacht hast. Leider ist davon nicht viel auf dem Papier zu lesen. Nimm dir Zeit und arbeite ernsthaft an deiner Geschichte.
👍👍👍	Deine Geschichte ist im Ansatz gelungen. Es fehlen noch wichtige Elemente, die deine Geschichte druckreif machen können.
👍👍👍👍	Du hast eine gute Geschichte, die im Buch erscheinen wird, vorgelegt. Die Geschichte muss jetzt noch einmal überarbeitet werden, dann kann sie gedruckt werden.
👍👍👍👍👍	Deine Geschichte ist fertig. Du musst nur noch einige kleine Veränderungen vornehmen.
👍👍👍👍👍👍	Deine Geschichte ist perfekt. Sie ist spannend und enthält alles, was man für eine Heldengeschichte braucht. Wenn die Geschichte abgetippt ist, bist du fertig.

Wenn die Schüler ihre Geschichte abgeschlossen haben, können sie diese illustrieren. Die Zeichnungen können anschließend für die Gestaltung des Titels genutzt werden. Die Begeisterung der Schüler über ihr eigenes Produkt ist kaum zu beschreiben. Ein Buch hat einen bleibenden Wert und wird von allen Beteiligten – Schülern, Eltern und Lehrern – immer wieder gerne genutzt, z. B. dafür, dem folgenden Jahrgang Orientierungshilfen beim Projekt Helden zu geben. Der zunächst hohe Kostenaufwand ist schnell in einen Gewinn verwandelt, wenn die Schüler bei diesem Projekt Marketingaufgaben übernehmen, indem sie die Bücher z. B. auf dem Schulfest, dem Stadtteilfest oder dem nächsten Flohmarkt verkaufen.

Name: Klasse: Datum:

Drei-Phasen-Sechs-Schritte-Lesetechnik

Ein Text ist nicht gleich ein Text. Es gibt viele verschiedene Texttypen. Doch fast alle Texte haben etwas gemeinsam:

- Fast jeder Text hat eine Überschrift, die in wenigen Worten ausdrückt, worum es im Text geht.
- Jeder Text hat eine gewisse Ordnung, eine Struktur. Meistens erkennt man diese Struktur an den Absätzen, die der Autor gemacht hat.
- In jedem Text finden sich Wörter – auch Schlüsselwörter genannt –, ohne die man einen Text nicht verstehen kann:

Schlüsselwörter sind Wörter, die genau wie Schlüssel Türen öffnen können.
Schlüsselwörter öffnen dir die Tür zum Verständnis von Texten.

Damit du bei der Arbeit mit Texten in Zukunft gut mitarbeiten kannst, schneide die Informationsstreifen unten aus, laminiere sie ein und lege sie in deine Federmappe. So kannst du bei jeder Textarbeit – egal in welchem Unterrichtsfach – darauf zurückgreifen.

I. Worum geht es?	**?**	1. Überfliegen – Thema erfassen
		2. Unbekannte Begriffe klären

II. Was ist wichtig?	**!**	3. Abschnittsüberschriften finden
		4. Schlüsselbegriffe markieren

III. Was habe ich verstanden?		5. Text schriftlich zusammenfassen
		6. Inhalt mündlich wiedergeben

Name: Klasse: Datum:

Texterschließung

Inhalt überfliegen – Überschrift finden – Gegenstand zeichnen

Peter sah das Stück Metall auf dem Tisch liegen. Er griff danach. Es fühlte sich glatt und kühl an. Er klopfte damit auf den Tisch. Es gab ein dumpfes Geräusch. Peter versuchte dann, das Werkzeug auf dem Zeigefinger im Gleichgewicht zu halten. Es gelang ihm zunächst nicht, den Gegenstand auszubalancieren, weil die Laffe viel schwerer war als der Stiel. Nach einigen Versuchen gelang es ihm schließlich doch. Peter war stolz.

Schließlich tauchte Peter das Stück Metall in die Flüssigkeit ein, die vor ihm auf dem Tisch stand. Als er das Stück Metall wieder anhob, schwammen kleine Nudelbuchstaben in der als Laffe bezeichneten kleinen Schale. Während er den Gegenstand leicht bewegte, bildeten die Buchstaben Wörter, deren Bedeutung er nicht kannte. Es machte einfach keinen Sinn. Peter beschloss, nicht weiter mit dem Essen zu spielen. Es war an der Zeit, seine Suppe zu essen.

2.4 Techniken der Gruppenarbeit

Gruppenarbeiten, ob arbeitsgleich oder arbeitsteilig, sind bei Schülern stets sehr beliebt, weil die traditionelle Unterrichtssituation aufgebrochen wird. Es entsteht Bewegung, Kommunikation und zumeist ein Ergebnis, das von mehreren Schultern getragen wird. Arbeitsteilige Gruppenarbeit ist bei Projektvorhaben unumgänglich. Die Schattenseiten von Gruppenarbeit sind allerdings hinlänglich bekannt. Einzelne Schüler arbeiten nicht mit, die Gruppe kann sich nicht einigen oder dominante Schüler ziehen die gesamte Entscheidungsgewalt und damit die Verantwortung der Arbeit an sich und lassen andere nicht daran teilhaben.

Festgelegte Aufgaben verteilen

Herkömmliche Gruppenarbeits-Übungsphasen gehen häufig mit wenig motivierenden und in den Leistungsanforderungen nicht zu differenzierenden Fachinhalten einher, so dass außer „Mal was anderes", „Peter hat total genervt" oder „Wir durften draußen arbeiten, das war gut" wenig inhaltlich Konkretes im Unterschied zur Einzelarbeit von Schülern genannt wird. Um dem entgegenzuwirken hat es sich an Schulen eingebürgert, festgelegte Aufgaben in einer Gruppe zu verteilen, die Verantwortung übertragen sollen:

- Gruppensprecher
- Zeitnehmer
- Schreiber/Zeichner
- Materialbeschaffer
- Präsentator

Diese Rollen sind sicherlich dienlich, um eine konstruktive Gruppenarbeit oder andere kooperative Formen der Zusammenarbeit von Schülern voranzutreiben. Allerdings vergessen Schüler oftmals dabei, dass nicht nur organisatorisch gearbeitet werden muss, sondern auch inhaltlich. Aus diesem Grund empfehlen wir neben den „Orga-Aufgaben" der Selbstorganisation der Gruppe ein weiteres Element, die „Arbeits-Aufgaben", der Gruppenarbeit hinzuzufügen, sodass die inhaltlichen Aufgaben ebenfalls verteilt sind – also Projektarbeit in Reinform. So kann es durchaus Sinn machen, nach Erledigung einzelner Arbeitsschritte die „Orga-Aufgaben" innerhalb der Gruppe zu wechseln.

Im folgenden Beispiel wird deutlich, dass arbeitsteilige Gruppenarbeiten, die ein oder mehrere Produkt(e) generieren, sehr komplex sind und einer intensiven Planung bedürfen, wenn das Projektziel erreicht werden soll. So müssen die einzelnen Arbeitsschritte in terminlich vereinbarte und überschaubare Häppchen unterteilt werden, die als Meilensteine definiert werden.

Projektidee:	Produktion eines Sportgerätes
Beteiligte Schüler:	Alle Schüler des 8. Jahrgangs
Thema:	Wassersport – Skimboarding
Inhalt:	Bearbeitung von Multiplex-Sperrholz, 10 mm, zu einem Skimboard
Ziel:	Produktion mehrerer Skimboards als klasseneigener Sportgeräte für die Klassenfahrt an die Nordseeküste; Erarbeitung einer Videodokumentation als Tutorial für den Selbstbau eines Skimboards
Zeitrahmen:	4 Wochen.
Kosten:	Ca. 30 Euro pro Skimboard für Holz und Lackfarbe; Reduzierung der Kosten durch Nutzung privater Farbreste
Öffentlichkeit:	Verkauf der Skimboards nach absolvierter Klassenfahrt; Präsentation der Tutorial-Videos im Internet

Foto: Ralf Dornbusch

In diesem Projekt, das durch die Arbeit an zwei gegensätzlichen Produkten gekennzeichnet ist, wird den Schülern schnell deutlich, dass die verschiedenen Aufgaben arbeitsteilig bewältigt werden müssen. Experten sind gefragt oder Schüler, die sich an spezielle Aufgaben heranwagen. Nicht jeder Schüler kann hier alles. Immer wieder müssen Entscheidungen in der Gruppe getroffen werden, die dann arbeitsteilig umgesetzt werden (s. Arbeits-Aufgaben-Plan, Downloaddatei, S. 18).

2.5 Recherchetechniken

Wenn von Recherche die Rede ist, denken Schüler heutzutage ausschließlich an eine Internetrecherche. Diese Recherche führt dann zu den einschlägigen Suchmaschinen und den einschlägigen Internetseiten. Sucht man z. B. nach Informationen zum Land Argentinien auf www.wikipedia.de, so finden sich 31 Seiten, die gerne ausgedruckt werden. Deren Inhalt wird dann häufig ohne weitere Bearbeitung auszugsweise übernommen. Dies ist vor allem bei Projekten, die kein Produkt zum Ziel haben, aber in einer offenen Informationspräsentation gipfeln, sehr beliebt. Wenn man Recherche betreiben lässt, die ein produktorientiertes Ziel verfolgt, so arbeiten Schüler deutlich motivierter und strukturierter, weil der inhaltliche Rahmen klar abgesteckt und ein nachhaltiger Erfolg zu erwarten ist.

Es ist Schülern häufig nicht klar, dass es mehrere Suchmaschinen gibt. Ein Arbeitsauftrag zur Recherche nach Suchmaschinen (s. S. 68) bietet in dieser Hinsicht Aufklärung und Anregung bei zukünftigen Internetrecherchen. Ebenso sollten Schüler darauf hingewiesen werden, dass jede noch so abwegige Frage im Internet eine Auswahl von möglichen Antworten bereithält. Das Arbeitsblatt Internetrecherche – Übungen (s. S. 69) dient zur Anregung einer Diskussion über den Wert von unnützen Informationen und nicht verifizierbaren Antworten. Weitere grundlegende Arbeitsmaterialien zu den Themen Nachschlagen, Informationsbeschaffung und Recherche finden sich in den Büchern der Realschule Enger, Lernkompetenz I und II.

Projektidee:	Produktion eines selbst geschriebenen Songs zum Tag der Deutschen Einheit
Beteiligte Schüler:	Schüler des 9. Jahrgangs und der Oberstufe
Thema:	Tag der deutschen Einheit
Inhalt:	Deutsche Geschichte 1945–1990
Ziel:	Produktion einer Musik-CD (Single) zum Verkauf; Erstellung von Arbeitsmaterialien für den Geschichtsunterricht auf der Basis des selbst geschriebenen Textes
Zeitrahmen:	8 Wochen
Kosten:	Ca. 1.500 Euro
Öffentlichkeit:	Live-Aufführung auf diversen Veranstaltungen; Radiopräsenz

Das o.g. Projekt ist derart komplex, dass es nur außerhalb des Unterrichts auf freiwilliger Basis durchgeführt werden konnte. Man schreibt und nimmt nicht mal eben professionell einen Song auf und veröffentlicht ihn auf CD[2]. Dazu bedarf es sehr viel Know-hows, externer Unterstützung und einer gesicherten finanziellen Basis.

Foto: Ralf Dornbusch

Die ursprüngliche Überlegung für das Projekt war, einen bekannten Songtext – *„We didn't start the fire"* von Billy Joel – in einen auf Deutschland bezogenen Zusammenhang umzuschreiben. Da der ursprüngliche Songtext aus Schlagwörtern zur amerikanischen Geschichte zwischen 1945 und 1989 besteht und als Inhalt eines Methodentages zum Thema *Mindmapping III* (Realschule Enger II 2005, 178ff.) ohnehin vorlag, war eine Übersetzung in deutsche Zusammenhänge ein ansprechendes Projektthema als Vorbereitung für den Tag der Deutschen Einheit. Das Ergebnis führte dann aber schnell zu dem Wunsch, diesen Song mit der Musik von Billy Joel zu singen. Für eine Aufnahme gab es keine Freigabe vom Verlag des Autors, so musste ein neuer Song mit neuer Musik und neuem Text geschrieben werden, um rechtzeitig zur Veranstaltung ein Produkt vorlegen zu können. Am Ende kam eine vollständig selbst produzierte CD dabei heraus, eine Einladung eines Radiosenders sowie mehrere Auftritte am Tag der Deutschen Einheit in Bremen am 3.10.2010, realisiert von Schülern des *Alexander-von-Humboldt-Gymnasiums* in Bremen und den Autoren dieses Buches.

Und nun gab es zwei Texte – *„Wir gehören zusammen I"* und *„Wir gehören zusammen II"* vorgelegt unter dem Namen *Völkerball* –, die als Grundlage für Recherche mit Lexika, Fachwörterbüchern, Annalen und natürlich im Internet dienen können. Eingebunden in ein Konzept der Projektorientierung bieten die Arbeitsmaterialien (s. Downloadlink, S.18) unterschiedliche Ansätze, Recherche zu betreiben und diese in Schülerprodukte zu überführen. Es muss ja nicht gleich ein eigener Song sein, obwohl Schüler gerne singen, auch im Geschichtsunterricht, so dass die Produktion eines eigenen Textes – vielleicht mit dem Periodensystem der Elemente als Inhalt – zur Melodie von *We didn't start the fire* immer eine lohnende Projektidee ist.

2 Die CD **Völkerball – Wir gehören zusammen** (Starfish Music/Embankment Songs, Thomas Evers) kann über die Autoren dieses Buches bezogen werden.

Name: Klasse: Datum:

Rechercheübung – Im Internet suchen

Aufgaben:

- Suche mithilfe einer Internet-Suchmaschine (z. B. Google, Fireball, Lycos …) die Adressen anderer Suchmaschinen.
- Notiere deren Adressen in der Liste unten.
- Überlege dir drei weitere Kriterien, nach denen du die Suchmaschinen bewerten willst.
- Suche in jeder Suchmaschine nach demselben Begriff.
- Bewerte die einzelnen Suchmaschinen mit ☺, 😐 oder ☹.
- Mache dir auf einem Extrablatt Notizen zu deinen Bewertungen.
- Bereite eine kleine Rede vor, in der du die Vorzüge einer Internet-Suchmaschine im Vergleich zu anderen herausstellst.

Kriterium 1	Optik der Seite – Wie mich das Erscheinungsbild anspricht
Kriterium 2	
Kriterium 3	
Kriterium 4	

Name	Adresse	☺☺	☺	😐	☹

Name: Klasse: Datum:

Internetrecherche – Übungen

Löse mit der Hilfe des Internets folgende Aufgaben. Notiere die jeweilige Internetadresse in der Tabelle.

Nr.	Frage	Lösung	Internetadresse
1.	Was kostet ein Grundstück auf dem Mond?		
2.	Wer war der fünfte Beatle?		
3.	Warum essen Moslems kein Schweinefleisch?		
4.	Wo liegt Atlantis?		
5.	Stimmt es, dass Einstein eine 5 in Mathe hatte?		
6.	Nach wem ist die Humboldtstraße benannt?		
7.	Wie groß ist das kleinste Buch der Welt?		
8.	Welchen Namen hatte der erste Mensch?		
9.	In welchem Museum kann ich die Geschichte der RAF studieren?		
10.	Wo fand das erste Elfmeterschießen statt?		
11.	Wie kann man Weltbürger werden?		
12.	Wie groß ist Wurmloch?		
13.			

Viel Spaß und viel Erfolg!

Name: Klasse: Datum:

Interview

Ein Interview zum Thema Deutsche Geschichte zwischen 1945 und 1990 durchzuführen ist eigentlich nicht schwer. Wichtig ist allerdings, dass du einen Interviewpartner suchen musst, der vor 1945 geboren wurde, und der in der BRD oder der DDR gelebt hat.

Wenn du jemanden gefunden hast, gehst du folgendermaßen vor:

		erledigt
1.	Bereite dich inhaltlich gut auf das Interview vor. Du musst selbst etwas über das Thema wissen, damit du mit den Aussagen deines Interviewpartners auch etwas anfangen kannst.	
2.	Vereinbare einen Termin. Das Interview sollte in ruhiger Atmosphäre stattfinden. Nimm dir für das Interview 90 Minuten Zeit.	
3.	Formuliere mindestens 10 Fragen. Diese Fragen sollten offen gestellt sein. (z. B.: „Was empfanden Sie, als 1961 die Mauer errichtet wurde?“)	
4.	Gestalte einen Protokollbogen, auf dem du die Fragen notiert hast. Lass daneben Platz für zusätzliche Fragen oder Notizen.	
5.	Überlege, ob du das Interview irgendwie aufzeichnen kannst, z. B. mit deinem Handy. So kannst du es hinterher noch einmal abhören. Frage bitte deinen Interviewpartner, ob er damit einverstanden ist.	
6.	Wenn du das Interview nicht aufzeichnen darfst, frage ein anderes Gruppenmitglied, ob es die Antworten protokollieren kann.	
7.	Bevor du mit dem Interview beginnst, erkläre noch einmal, wofür das Interview bestimmt ist. Schreibe dir vorher den Einstiegssatz auf.	
8.	Wenn du während des Interviews etwas nicht verstehst, frage nach.	
9.	Bedanke dich nach Abschluss des Interviews bei deinem Interviewpartner. Vielleicht hast du auch eine kleine Aufmerksamkeit organisiert. Das wird den Interviewpartner freuen.	
10.	Und nun beginnt die wichtigste Arbeit. Du musst das Interview auswerten. Dazu schreibst du die Fragen und die Antworten auf. Abschließend musst du noch in einer Zusammenfassung aufschreiben, was du Neues und Interessantes erfahren hast. Dein Interviewpartner sollte unbedingt eine Kopie deiner Arbeit erhalten!	

Viel Erfolg!

Name: Klasse: Datum:

Bewertungsbogen computergestützte Präsentation

Gruppenmitglieder: ____________________

Thema: ____________________

Inhalt und Struktur (50 Punkte)		
Einstieg ☐ fehlt (0) ☐ vorhanden (2) ☐ macht neugierig (4) ☐ macht sehr neugierig (6)	**Aufbau** ☐ keine Ordnung (0) ☐ roter Faden deutlich (3) ☐ vielseitige Struktur (6) ☐ vielseitige Struktur, in Abschnitte gegliedert (10)	**Verständlichkeit** ☐ unverständlich (0) ☐ teils verständlich (3) ☐ gut verständlich (7) ☐ sehr gut verständlich (10)
Prägnanz ☐ Wichtiges hervorgehoben (6) ☐ … nicht hervorgehoben (2) ☐ … hervorgehoben und wiederholt (8)	**Informationsgehalt** ☐ gering und fehlerhaft (0) ☐ z.T. informativ (4) ☐ sachlich korrekt, Zusammenhänge werden deutlich (10)	**Länge** ☐ zu kurz (0) ☐ zu lang (3) ☐ passend (6)
Medieneinsatz (25 Punkte)		
Formalia ☐ grundlegende Fehler (0) ☐ Formalien eingehalten (6) ☐ Formalien eingehalten und kreativ umgesetzt (8)	**Komplexität** ☐ zu knapp und monoton (0) ☐ eher einfach (3) ☐ abwechslungsreich (6)	**Wirkung** ☐ uninteressant (0) ☐ interessant (4) ☐ trägt zur Veranschaulichung bei (7) ☐ sehr abwechslungsreich und stimmig (10)
Komplexität: Einbindung von Objekten (Bilder, Diagramme, Tabellen, etc.); angemessene Animationen		
Vortragstechnik (25 Punkte)	1. Vortragende/r: ____________	
Sprache I (Inhalt) ☐ undeutlich dargestellt (2) ☐ deutlich dargestellt (4) ☐ überzeugend dargestellt (7)	**Sprache II (Vortrag)** ☐ abgelesen (2) ☐ wenig abgelesen (6) ☐ frei gesprochen (10)	**Publikumskontakt** ☐ kaum Blickkontakt (0) ☐ häufig Blickkontakt (5) ☐ sehr gut kommuniziert (8)
Vortragstechnik (25 Punkte)	2. Vortragende/r: ____________	
Sprache I (Inhalt) ☐ undeutlich dargestellt (2) ☐ deutlich dargestellt (4) ☐ überzeugend dargestellt (7)	**Sprache II (Vortrag)** ☐ abgelesen (2) ☐ wenig abgelesen (6) ☐ frei gesprochen (10)	**Publikumskontakt** ☐ kaum Blickkontakt (0) ☐ häufig Blickkontakt (5) ☐ sehr gut kommuniziert (8)
Vortragstechnik (25 Punkte)	3. Vortragende/r: ____________	
Sprache I (Inhalt) ☐ undeutlich dargestellt (2) ☐ deutlich dargestellt (4) ☐ überzeugend dargestellt (7)	**Sprache II (Vortrag)** ☐ abgelesen (2) ☐ wenig abgelesen (6) ☐ frei gesprochen (10)	**Publikumskontakt** ☐ kaum Blickkontakt (0) ☐ häufig Blickkontakt (5) ☐ sehr gut kommuniziert (8)

sehr gut			gut			befriedigend			ausreichend			mangelhaft		
1+	1	1–	2+	2	2–	3+	3	3–	4+	4	4–	5+	5	5–
ab 95	90	85	80	75	70	65	60	55	50	45	40	33	27	20

Name: Klasse: Datum:

Comic

Ihr habt euch im Unterricht bereits mit dem Thema Comic beschäftigt. Also müsstest du die wichtigsten Regeln für die Erarbeitung schon kennen. Für die Erarbeitung unseres Themas bietet sich ein Comic in acht Bildern an.

1. Entwickeln einer Idee

- Zunächst brauchst du eine Hauptfigur, die deine Bildergeschichte trägt.
- Dann musst du dir die Pointe – also die Auflösung deiner Geschichte – überlegen.
- Von der Pointe aus musst du dann die Handlung entwickeln.

2. Skizzieren und Zeichnen der Figuren

- Fertige zu jedem Bild eine Skizze an.
- Mache dir Gedanken über die Größe deiner Bilder. Fertige einen Rahmen für jedes Bild an.
- Wenn du mit deinen Skizzen fertig bist, arbeite an der Reinzeichnung.
- Trenne bei deiner Arbeit den Hintergrund von Gegenständen und Personen. Zeichne sie separat.

3. Comic kolorieren

- Bevor du deine einzelnen Bildteile kolorierst, probiere erst die Stifte und Farben aus.
- Versuche, durch die Gestaltung von Schatten deinen Bildern Räumlichkeit zu verleihen.

4. Sprechblasen einfügen

- Füge erst ganz am Ende deine Sprechblasen ein.

Viel Erfolg!

Name: Klasse: Datum:

Plakat

Plakate sind Visitenkarten des Lernens. Sie werden vor allem genutzt, um Ergebnisse festzuhalten und zu veranschaulichen. Plakate werden gestaltet, um …

- die Aufmerksamkeit des Publikums zu steigern,
- das Wesentliche des Inhalts zu verdeutlichen,
- das Behalten zu fördern,
- Informationen parat zu haben und
- zur Diskussion anzuregen.

Folgende 12 Regeln der Plakatgestaltung sollten eingehalten werden:
- Schreibe nicht auf das Plakat.
- Fertige Texte und Bilder separat an.
- Gib deinem Plakat eine große, bunte und gut lesbare Überschrift.
- Verfasse eigene Texte mit Überschriften.
- Achte auf Rechtschreibung und schreibe groß, sodass man den Text aus größerer Entfernung lesen kann.
- Gestalte – wenn möglich – eigene Bilder mit Bildunterschriften.
- Ergänze Informationen durch Symbole.
- Hebe wichtige Informationen farblich hervor.
- Ordne die Inhalte und Bilder übersichtlich an.
- Der Anteil an Texten sollte 50 % nicht übersteigen.
- Vergiss nicht, einen Rand zu lassen.
- Überprüfe die Plakatinhalte, bevor du sie aufklebst.

Aufgabe: Gestalte auf einem DIN-A3-Blatt eine Plakatskizze zu einem selbst gewählten Thema.

2.6 Präsentationstechniken

Rede, Referat, Vortrag, Präsentation? Worin unterscheiden sich diese Formen der Informationsvermittlung eigentlich?

Rede	Informationen, Meinungen und Ansichten, die in einem zumeist schriftlichen Text verfasst und abgelesen oder frei vorgetragen, Zuhörer und Publikum für die Inhalte gewinnen sollen. Freie Reden halten geübte Redner auch ohne Manuskript. Für Reden gibt es keine Zeitbegrenzungen.
Referat	Informationsübermittlung in mündlicher Form. Zumeist ohne ausformuliertes Manuskript, aber mit Hilfsmitteln (Mindmap, Stichwortkarten etc.) als Stichwortgeber. Vortragender eines Referats ist zumeist ein ausgewiesener Experte.
Vortrag	Informationsübermittlung in mündlicher Form mit den Vortrag unterstützenden und die Inhalte verdeutlichenden Medien. Ziel eines Vortrags ist es, das Publikum zu überzeugen.
Präsentation	Medien, die für einen Vortrag genutzt werden, um Inhalte zu veranschaulichen (Schrift, Bild, Ton, Film), auf, mit und durch technische Medien und Hilfsmitteln reproduziert (Computer und Software, Beamer, OHP und Folie, Plakat etc.) und durch den Präsentator inhaltlich eingebunden. Im schulischen Kontext werden Präsentation und Vortrag häufig synonym verwendet.

In diesem Buch wird überwiegend von Präsentation gesprochen, wenn ein Vortrag gemeint ist. Wir sind der Meinung, dass sich der Anglizismus Präsentation (presentation) so stark im Bildungswesen eingebürgert hat, dass er nicht von seiner eigentlichen medialen Bedeutung zu trennen ist.

Schüler werden schon früh darauf trainiert, einer Öffentlichkeit – zumeist den Mitschülern – Informationen zu präsentieren. Dies erfolgt selten auf der Basis einer schrittweise ansteigenden Komplexität, die wir in der folgenden Tabelle (s. S. 75) aber empfehlen, damit Schüler nicht überfordert werden.

Anforderungen anhand von Berwertungsbögen verdeutlichen

Einigkeit und Transparenz einer Schule darüber, wie Präsentationen vorbereitet und gehalten werden, erleichtert Schülern ihre Arbeit ungemein. Übungsphasen und die Gelegenheit zur nicht bewerteten Erprobung von Präsentationen führen zudem dazu, dass sich Schüler sicherer fühlen, wenn sie vor eine Gruppe treten. Wie man eine Präsentation vorbereitet und hält, kann von Schülern erarbeitet und als Orientierungshilfe jederzeit genutzt werden (s. S. 77). Um Transparenz zu gewährleisten, sollte Schülern zu Beginn eines jeden Schuljahres verdeutlicht werden, welche neuen Anforderungen an sie gestellt werden. Diese Anforderungen sollten im Jahrgang dann konsequent eingehalten werden. Dazu müssen fächerübergreifende Bewertungsbögen (s. S. 78 f.) entwickelt werden, die die schulinternen Kriterien für eine erfolgreiche Präsentation abbilden. Anhand der Kriterien kann jeder Schüler nachvollziehen, wie er eine ansprechende Präsentation halten und welche Bewertung er erwarten kann.

Jahrgang	Form	Medien	Hilfsmittel	Zeitumfang
5	Referate und Präsentationen	Plakate/Folien/Gegenstände	schriftliche Notizen	ca. 5 min
6	Referate und Präsentationen	Plakate/Folien/Gegenstände	schriftliche Notizen auf der Basis von Stichwörtern	ca. 10 min
7	Referate und Präsentationen	Computerpräsentationen/Plakate/Folien/Gegenstände	schriftliche Notizen auf der Basis von Stichwörtern	ca. 15 min
8	Referate und Präsentationen	Computerpräsentationen/Plakate/Folien/Gegenstände	schriftliche Notizen auf der Basis von Stichwörtern	ca. 15 min
9	Reden, Referate und Präsentationen	Filme/Computerpräsentationen/ Plakate/Folien/Gegenstände	möglichst keine	bis 30 min.
10	Reden, Referate und Präsentationen	Filme/Computerpräsentationen/ Plakate/Folien/Gegenstände	möglichst keine	bis 45 min.

Das folgende Projekt hatte zum Ziel, den Schülern einerseits ihre Stadt über die bekannten Sehenswürdigkeiten hinaus bekannt zu machen. Die Schüler waren aufgefordert, die Stadttour im Ablauf selbst zu organisieren. Dazu wurden Fahrpläne der öffentlichen Verkehrsmittel und Stadtpläne zur Recherche herangezogen. Andererseits sollten als unterrichtliches Ziel verschiedene Formen der Präsentation erarbeitet und eingeübt werden. So wurde in einem ersten Schritt am Ende des 6. Jahrgangs von jeder der elf Arbeitsgruppen nach vorher erarbeiteten Regeln (s. Downloadlink, S. 18) ein Informationsplakat gestaltet, auf dessen Basis dann während der Stadttour vor Ort ein Kurzvortrag zur Bedeutung der Sehenswürdigkeit gehalten wurde. Nach den Sommerferien, also zu Beginn des 7. Schuljahres, wurden die gesammelten Eindrücke und Informationen in einer Computerpräsentation verarbeitet, die die durchgeführte Stadttour ausgewertet und als Grundlage für die Planung einer Klassenfahrt nach Berlin gebildet hat.

Projektidee:	Durchführung einer Stadttour
Beteiligte Schüler:	Schüler einer Klasse des 6./7. Jahrgangs
Thema:	Sehenswürdigkeiten in Bremen
Inhalt:	Präsentation ausgewählter Sehenswürdigkeiten in Bremen
Ziel:	Organisation eines Gruppenausflugs; Informationsgewinnung über Sehenswürdigkeiten durch Schülervorträge; Erarbeitung von verschiedenen Präsentationsformen
Zeitrahmen:	6 Wochen
Kosten:	Pro Schüler eine Tageskarte für öffentliche Verkehrsmittel
Öffentlichkeit:	Schülervortrag vor Ort

Die besondere Herausforderung in diesem Projekt, das drei verschiedene Formen der Präsentation beinhaltete, bestand darin, dass Schüler die Rolle eines Stadtführers übernehmen und damit den geschützten Raum der Schule verlassen mussten. Ein derartiges Vorgehen setzt voraus, dass Schüler im Präsentieren bereits Übung haben und laut und deutlich sprechen können, um trotz der Geräusche durch Verkehr und Passanten ihre Informationen vermitteln zu können.

Foto: Ralf Dornbusch

Name: Klasse: Datum:

Präsentieren – so macht man das!

1. Schritt Vorbereitung und Planung Bevor man mit der eigentlichen Arbeit an einer Präsentation beginnt, muss man überlegen, welche Informationsgrundlagen vorhanden sind (Internet, Bücher, Lexika etc.). Anschließend sollte man einen Zeitplan erstellen und Aufgaben verteilen, wenn man mit anderen zusammenarbeitet. Klug ist es auch, sich vorher zu überlegen, wie die Präsentation gestaltet werden soll (Film, Power-Point, Folien, Plakat etc.) und ob man die benötigten Medien beschaffen kann.	Symbol
2. Schritt Informationsbeschaffung Um in einer Präsentation wirklich wichtige Informationen interessant vortragen zu können, müssen zunächst ausreichend Informationen beschafft werden (Internet, Fachbücher, Lexika etc.). In einer Gruppe müssen die Aufgaben zur Informationsbeschaffung verteilt werden. Eventuell müssen Informationen ausgedruckt, abgeschrieben oder zusammengefasst werden.	Symbol
3. Schritt Erarbeitung Nun müssen die vorliegenden Texte bearbeitet werden. (Lesen, Markieren/Strukturieren, Notizen anfertigen etc.). Alle Schüler einer Arbeitsgruppe sollten anschließend über das gesamte Thema informiert sein. Es sollte auch der Ablauf der Präsentation festgelegt werden. Informationen müssen auf Stichwortkarten geschrieben werden.	Symbol
4. Schritt Auswahl und Bearbeitung der Medien Man sollte mit den Medien, die man einsetzen will, bereits vertraut sein. Alle Schüler einer Gruppe sollten mit den Geräten umgehen können. Wichtig ist aber, dass ihr als Schüler im Mittelpunkt der Präsentation steht. Die Medien sollen euch nicht ersetzen, sondern eure Präsentation ergänzen!	Symbol
5. Schritt Präsentation Die Präsentation muss vorher geübt werden, damit der Ablauf reibungslos klappt. Macht euch Mut, plant Alternativen ein. Es kann immer etwas Unvorhergesehenes passieren. Denkt an einen eindrucksvollen Beginn und an ein Ende, das das Wichtigste zusammenfasst.	Symbol

Finde für jeden Präsentationserarbeitungsschritt ein passendes Symbol.

Name: Klasse: Datum:

Bewertungsbogen Präsentation Klasse 5 und 6

Für ______________________________ Klasse __________

im Fach ______________________________

Thema ______________________________

Inhalt	+ + 5 Punkte	+ 4 Punkte	+ – 2 Punkte	– 0 Punkte
Interessanter Beginn?				
Inhalt für das Publikum verständlich?				
Interesse für das Thema geweckt?				
Zeitrahmen angemessen?				
Anmerkung:				

Material/Gegenstände	+ + 5 Punkte	+ 4 Punkte	+ – 2 Punkte	– 0 Punkte
Material/Gegenstände passen zum Thema?				
Material/Gegenstände wecken Interesse?				
Anmerkung:				

Vortragstechnik	+ + 5 Punkte	+ 4 Punkte	+ – 2 Punkte	– 0 Punkte
Laut genug gesprochen?				
Frei gesprochen?				
Das gesamte Publikum angeschaut?				
Anmerkung:				

Gesamtnote: ______________

____
Unterschrift der verantwortlichen Lehrkraft

1+	1	1–	2+	2	2–	3+	3	3–	4+	4	4–	5+	5	5–	6
≥ 43	≥ 41	≥ 39	≥ 37	≥ 35	≥ 33	≥ 31	≥ 29	≥ 27	≥ 25	≥ 23	≥ 21	≥ 17	≥ 13	≥ 9	≥ 00

Name: Klasse: Datum:

Bewertungsbogen Präsentation Klasse 7–10

Gruppenmitglieder: ______________________________

Thema: ______________________________

Datum: ______________ Beginn: ______________ Ende: ______________

Inhalt		
Einstieg (max. 5 Punkte) ☐ ☐ fehlt ☐ vorhanden ☐ macht neugierig ☐ macht sehr neugierig	**Aufbau** (max. 10 Punkte) ☐ ☐ keine Ordnung ☐ roter Faden deutlich ☐ vielseitige Struktur ☐ komplexer Spannungsaufbau	**Länge** (max. 5 Punkte) ☐ ☐ zu kurz ☐ zu lang ☐ passend
Prägnanz (max. 8 Punkte) ☐ ☐ Wichtiges hervorgehoben ☐ nicht hervorgehoben ☐ hervorgehoben und wiederholt	**Verständnis** (max. 15 Punkte) ☐ ☐ unverständlich ☐ teils verständlich ☐ gut verständlich ☐ sehr gut verständlich	**Schluss** (max. 7 Punkte) ☐ ☐ nicht vorhanden ☐ zu plötzlich ☐ Zusammenfassung / eigene Meinung
Medieneinsatz (Plakat/Folie/PPT/Film)		
Formalien (max. 8 Punkte) ☐ ☐ kaum lesbar oder verständlich ☐ Formalien eingehalten ☐ Formalien eingehalten und kreativ umgesetzt	**Kreativität** (max. 10 Punkte) ☐ ☐ uninteressant ☐ wenig interessant ☐ interessant ☐ beeindruckend	**Ergänzungen** (max. 7 Punkte) ☐ ☐ unpassend ☐ passend ☐ bereichernd
Vortragstechnik I	1. Vortragende/r: ______________	
Sprache I (max. 7 Punkte) ☐ ☐ undeutlich gesprochen ☐ deutlich gesprochen ☐ überzeugend gesprochen	**Sprache II** (max. 10 Punkte) ☐ ☐ abgelesen ☐ wenig abgelesen ☐ frei gesprochen	**Publikum** (max. 8 Punkte) ☐ ☐ kaum Blickkontakt ☐ häufig Blickkontakt ☐ Publikum durch G/M/P* einbezogen
Vortragstechnik I	2. Vortragende/r: ______________	
Sprache I (max. 7 Punkte) ☐ ☐ undeutlich gesprochen ☐ deutlich gesprochen ☐ überzeugend gesprochen	**Sprache II** (max. 10 Punkte) ☐ ☐ abgelesen ☐ wenig abgelesen ☐ frei gesprochen	**Publikum** (max. 8 Punkte) ☐ ☐ kaum Blickkontakt ☐ häufig Blickkontakt ☐ Publikum durch G/M/P* einbezogen
Vortragstechnik I	3. Vortragende/r: ______________	
Sprache I (max. 7 Punkte) ☐ ☐ undeutlich gesprochen ☐ deutlich gesprochen ☐ überzeugend gesprochen	**Sprache II** (max. 10 Punkte) ☐ ☐ abgelesen ☐ wenig abgelesen ☐ frei gesprochen	**Publikum** (max. 8 Punkte) ☐ ☐ kaum Blickkontakt ☐ häufig Blickkontakt ☐ Publikum durch G/M/P* einbezogen

*G/M/P = Gestik, Mimik, Proxemik

Punkte	Note	Punkte	Note	Punkte	Note

1+	1	1–	2+	2	2–	3+	3	3–	4+	4	4–	5+	5	5–	6
≥95	≥90	≥85	≥80	≥75	≥70	≥65	≥60	≥55	≥50	≥45	≥40	≥34	≥27	≥20	≥00

2.7 Visualisierungstechniken

Unter Visualisierungstechniken versteht man die zielgerichtete Verwendung von grafischen Elementen zur Darstellung von Informationen. Visualisierungstechniken werden von Schülern insbesondere ab Jahrgangsstufe 9 als strukturierte bildliche Vereinfachungen zur Verdeutlichung von komplexen Inhalten für Präsentationen genutzt. Die Auswahl an Visualisierungstechniken ist dabei nahezu unüberschaubar. Im schulischen Rahmen werden vor allem folgende Techniken genutzt:

- Farben
- Symbole
- Tabellen
- Diagramme
- Schaubilder
- Entwicklungsbäume
- Zeitleisten
- Modelle

Damit Schüler über eine gewisse Bandbreite der zur Verfügung stehenden Visualisierungstechniken verfügen, bietet sich die Durchführung eines Methodentages im Rahmen von Stationenarbeit an. Die Realschule Enger hat hierzu vielseitiges Material vorgelegt, das verkürzt oder erweitert werden kann. Ein Unterrichtsfach, das sich häufig aus der Vermittlung von systematischen Lern- und Arbeitsmethoden heraushält, ist geradezu prädestiniert, sich dieser Thematik anzunehmen: Mathematik. So wäre es wünschenswert, wenn aus diesem Kreise der Experten von Visualisierungstechniken Module und Arbeitsmaterialien vorgelegt werden würden.

Visualisierungstechnik Schaubild oder Plakat

Die am häufigsten genutzte Technik zur Visualisierung von Lerninhalten ist das Schaubild oder Plakat. So gibt es kein Unterrichtsfach, das nicht auf die Verwendung von Schaubildern/Plakaten zurückgreift. Insofern ist es unabdingbar, Regeln für die Gestaltung eines Plakats und einen Bewertungsbogen (s. S. 82) vorzulegen, der für alle Fächer und Vorhaben Gültigkeit besitzt.

Das vorliegende Projekt ist auf die sichere Verwendung von symbolhaften, bildlichen Elementen angewiesen. Eine spielerische Reise um die Welt oder auf einen anderen Planeten setzt voraus, dass Inhalte verkürzt und durch eindeutige Farben, Symbole oder Bilder kodiert werden. Die Erarbeitung eines Gesellschaftsspiels (Arbeitsauftrag s. Downloadlink, S. 18) trainiert die Verwendung von Symbolen (z. B. Eiffelturm für Paris) und erwartet von den Anwendern, den Spielern, die Kenntnis über derartige visuelle Vereinfachungen. Dass die Auseinandersetzung mit Gesellschafts-spielen zudem Spaß macht, liegt auf der Hand.

Projektidee:	Produktion eines Gesellschaftsspiels zum Thema Reisen
Beteiligte Schüler:	Alle Schüler des 8. Jahrgangs
Thema:	Gesellschaftsspiele
Inhalt:	Reisen unter geografisch-politischen Gesichtspunkten
Ziel:	Produktion eines Gesellschaftsspiels zum Erwerb von Kenntnissen über Geografie und Politik z. B. von ausgewählten Staaten; Einzusetzen im Vertretungsunterricht in den Fächern Geografie, Politik, WUK, GL, GuP
Zeitrahmen:	4 Wochen
Kosten:	Abhängig von den für das Gesellschaftsspiel nötigen Materialien
Öffentlichkeit:	Vorstellung vor dem 5. und 6. Jahrgang mit Erprobung und Bewertung durch die jüngeren Jahrgänge

Foto: Ralf Dornbusch

Name: Klasse: Datum:

Bewertungsbogen Plakat

Gruppenmitglieder: ______________________________

Thema: ______________________________

Inhalt	Bilder	Gestaltung
Texte I (bis 5 Punkte) ☐ ☐ eigene Texte ☐ teilweise fremde Texte ☐ nur fremde Texte	**Herkunft** (bis 5 Punkte) ☐ ☐ selbst gestaltet ☐ Fremdbilder	**Überschriften** (bis 5 Punkte) ☐ ☐ vorhanden ☐ teilweise vorhanden ☐ nicht vorhanden
Texte II (bis 15 Punkte) ☐ ☐ gut verständlich ☐ verständlich ☐ kaum verständlich	**Qualität** (bis 10 Punkte) ☐ ☐ beeindruckend ☐ oberflächlich ☐ schwach	**Verteilung** (bis 5 Punkte) ☐ ☐ ausgewogen ☐ zu viele Texte ☐ zu viele Bilder
Qualität (bis 20 Punkte) ☐ ☐ inhaltlich richtig ☐ teilweise fehlerhaft ☐ fehlerhaft	**Quantität** (bis 5 Punkte) ☐ ☐ viele verschiedene ☐ knappe Auswahl ☐ zu wenig	**Farbigkeit** (bis 5 Punkte) ☐ ☐ ansprechend farbig ☐ zu bunt ☐ farblos
Rechtschreibung (bis 10 Punkte) ☐ ☐ fehlerfrei ☐ wenige Fehler ☐ viele Fehler	**Bildunterschriften** (bis 5 Punkte) ☐ ☐ vorhanden ☐ nicht vorhanden	**Sauberkeit** (bis 10 Punkte) ☐ ☐ Regeln eingehalten ☐ Regeln nicht eingehalten

Inhalt	Bilder	Gestaltung

Punkte gesamt: __________ Note: __________

1+	1	1−	2+	2	2−	3+	3	3−	4+	4	4−	5+	5	5−	6
≥95	≥90	≥85	≥80	≥75	≥70	≥65	≥60	≥55	≥50	≥45	≥40	≥34	≥27	≥20	≥00

Name: Klasse: Datum:

Bewertungsbogen Gesellschaftsspiel

Name des Spiels: ______________________

Entwickelt von: ______________________

Spielregeln

	☺☺ 5 Punkte	☺ 4 Punkte	😐 2 Punkte	☹ 0 Punkte
Die Spielregeln sind verständlich.				
Die Schüler haben die Regeln gut erklärt.				

Spielfeld, Spielfiguren/Karten

	☺☺ 5 Punkte	☺ 4 Punkte	😐 2 Punkte	☹ 0 Punkte
Das Spielfeld ist/die Karten sind interessant gestaltet.				
Das Spielfeld ist/die Karten sind sauber gestaltet.				
Durch das Spielfeld/durch die Karten erfahre ich etwas über das Thema Reisen.				

Spielverlauf

	☺☺ 5 Punkte	☺ 4 Punkte	😐 2 Punkte	☹ 0 Punkte
Der Spielverlauf ist vielseitig. Es ist lange nicht klar, wer gewinnen wird.				
Während des Spiels lernt man viele Dinge.				
Das Spiel hat etwas mit Reisen zu tun, z. B. in ferne Länder oder zu fernen Planeten.				
Leider war die Zeit zu kurz. Ich würde gerne weiterspielen.				

1+	1	1–	2+	2	2–	3+	3	3–	4+	4	4–	5+	5	5–	6
≥ 43	≥ 41	≥ 39	≥ 37	≥ 35	≥ 33	≥ 31	≥ 29	≥ 27	≥ 25	≥ 23	≥ 21	≥ 17	≥ 13	≥ 9	≥ 00

2.8 Selbstständig Arbeiten und Lernen (SAL)

Jung-Autor BENEDICT WELLS, literarische Neuentdeckung des Jahres 2008, äußert sich auf die Frage, ob ein Lehrer ihm geholfen habe, sein schriftstellerisches Talent zu entdecken:

> *Nein. Es ist im Deutschunterricht ja leider so, dass man nur bis zur siebten Klasse etwas Kreatives schreibt, danach wird das überhaupt nicht mehr verlangt. Dann geht es nur noch um Erörterungen und Interpretationen, also um staubtrockenes und langweiliges Zeug, mit dem du keinen hinterm Ofen hervorlockst. Du windest dich jahrelang nur noch in der ewig gleichen Scheiße. Selbst wenn ein Lehrer einen Schüler mit ganz großem Schreibtalent in der Klasse sitzen hätte, würde das wohl nicht bemerkt werden, weil gar nicht danach gefragt wird.* (Weser-Kurier, Nr. 303 vom 24. 12. 2008, S. 44)

Talente werden nicht erkannt

Das ist eine niederschmetternde Aussage, die nachdenklich macht. Eine Möglichkeit, diesem Dilemma zu entgehen, bietet das wiederkehrende Angebot der Auseinandersetzung der Schüler mit einem frei gewählten Thema im Rahmen des Fachunterrichts. Dabei handelt es sich nur im weitesten Sinne um Freiarbeit.

Der Grundgedanke, der zur Einrichtung von SAL-Phasen im Fachunterricht führen sollte, ist, dass Schüler immer wieder mit Interessen, Fragen oder Anregungen in den Unterricht kommen, die aufgrund des Curriculums nicht in den zeitlichen Rahmen passen. „Herr XY, schauen sie mal. Ich habe ein Buch über Ritter mitgebracht. Ich finde das Thema sehr spannend." Man freut sich über das Interesse, muss aber leider darauf hinweisen, dass es schön sei, dass das Buch gerade heute mitgebracht wurde, „aber leider sind wir im Moment noch bei den Griechen. Die Ritter kommen erst im nächsten Halbjahr dran. Da wirst du noch etwas warten müssen." Im folgenden Halbjahr ist dann das Interesse an den Rittern vermutlich längst wieder erloschen. Schade, eine gute Gelegenheit, Interesse und Motivation zu fördern, ist verpasst worden.

Wenn man nun ein Drittel der Unterrichtszeit darauf verwendet, Schülerinteressen zu fördern, gewinnt man vermutlich mehr als man verlieren kann, aber vor allem Motivation und Begeisterung für das Unterrichtsfach. So weit der inhaltliche Nutzen. Daneben bietet sich durch kurze Phasen schülerorientierten Arbeitens ein Fundament zur Vermittlung von elementaren methodischen Techniken, ein auf wesentliche Bestandteile der Projektarbeit reduziertes Vorhaben. Es finden sich alle Elemente, die ein zielgerichtetes, produktorientiertes Arbeiten voraussetzen:

- Ein selbst gewähltes Thema
- Die Möglichkeit zur arbeitsteiligen Gruppenarbeit
- Ein zeitlich begrenztes, inhaltlich anspruchsvolles Vorhaben
- Ein Produkt, das präsentiert werden kann

So funktioniert SAL

Der Ablauf der vier an ein Thema gebundenen SAL-Stunden sollte immer nach einem bestimmten, gleichbleibenden Schema erfolgen, das sich stark an der Methode der Projektarbeit orientiert.
Zu empfehlen ist es, für jeden Schritt mindestens 60 Minuten Unterrichtszeit zu investieren, damit verwertbare Ergebnisse zustande kommen.
Ein nicht zu unterschätzender Effekt ist die Präsentation in Form eines Karussells. Jeder Schüler muss so seine Ergebnisse viermal präsentieren. Dies empfiehlt sich insbesondere in den Jahrgängen 5 und 6, wo die Wiederholung für mehr Sicherheit sorgt. Zudem findet die Präsentation in einem kleinen überschaubaren Rahmen statt, der allerdings – bei vier gleichzeitig stattfindenden Präsentationen – durch einen erhöhten Lautstärkepegel gekennzeichnet ist.
Präsentationen vor dem versammelten Plenum bieten sich dann an, wenn die Inhalte für alle Schüler relevant sind, da beim Karussell nicht alle Schüler auch bei allen Präsentationen dabei sein können.

1. Schritt: Themenwahl und Informationsbeschaffung

Die Schüler müssen über die Organisation von SAL informiert werden (s. AB 1 + 2, S. 87 f.).
Ein aus einer von der Lehrkraft vorgelegten Sammlung vorhandenes oder ein mit dem Lehrer abgesprochenes „freies" Thema wird vom Schüler ausgewählt. Die Informationen zum Thema müssen zu Hause recherchiert werden. Nach bekannten Lese- und Markierungstechniken werden die Materialien im Unterricht bearbeitet. Dies setzt unbedingt Methodenkenntnisse voraus, die bereits erarbeitet sein müssen (z. B. im Projekt- oder Methodenunterricht). Die Informationsquellen und Bücher müssen zur nächsten Unterrichtsstunde mitgebracht werden. Alle verwendeten Texte müssen als Quelle angegeben werden.
Schülern, die kein Material vorlegen, werden Inhalte und Materialien vorgegeben. Es empfiehlt sich, immer ein ausreichendes Quantum von Themen und Materialien verfügbar zu haben.

2. Schritt: Informationsverarbeitung
Die gefundenen Informationen werden in einem zusammenhängenden Text handschriftlich zusammengefasst. Die klassischen W-Fragen dienen dabei als Orientierung (Was?, Wer?, Wann?, Wie?, Warum? etc.). Der Text muss selbstständig formuliert sein und dem Sprachniveau des Schülers entsprechen. Je nach Altersstufe sollte der Text mindestens eine Seite betragen. Die Texte sollten in einer eigens angelegten SAL-Mappe (modern auch Portfolio genannt) abgelegt werden. Die Texte werden bewertet (AB 2, s. S. 88).

3. Schritt: Methodische Anwendung
In der dritten Stunde wird das bearbeitete Thema mit einer vom Schüler selbst gewählten Methode dargestellt und „begreiflich" gemacht. Folgende Methoden und Darstellungsformen könnten verwendet werden: Mindmapping, Bildergeschichte, Brief, Zeitungsartikel, Modell, Interview, Zeichnung, Network, Grafik u. a. Die Anwendung wird bewertet (AB 2, s. S. 88).

4. Schritt: Präsentation
In Form eines Karussells bekommt jeder Schüler die Gelegenheit, seine Arbeit den Mitschülern zu präsentieren. Andere Kooperative Lernformen sind denkbar.
Vier Tische werden als Station vorbereitet. Die in Durchgang 1 notierten Schüler bereiten ihre Präsentation vor. Die anderen Schüler werden in Zuschauergruppen aufgeteilt. Sie müssen Notizen anfertigen. Nach 5 Minuten erfolgt ein Wechsel der Zuschauergruppen.
Über die Form der Bewertung sollte mit den Schülern gesprochen werden. Je nach Fach und Themenwahl lassen sich unterschiedliche Bewertungsmodelle entwickeln, die unserer Ansicht nach aber immer eine Schülerkomponente beinhalten sollten (AB 3 und 4, s. S. 89 f.).

Beispiel für die Durchführung einer SAL-Präsentation

Zeit	Tisch 1	Tisch 2	Tisch 3	Tisch 4
Durchgang 1 8.00 – 8.20 Uhr	Knut/Frieda	Insa/Jana	Petra/Frederik	Charlotte/Jan
Durchgang 2 8.25 – 8.45 Uhr	Dirk	Paul/Clara	...	...
Durchgang 3 8.50 – 9.10 Uhr				
Durchgang 4 9.15 – 9.35 Uhr				

Name: Klasse: Datum:

SAL (Selbstständiges Arbeiten und Lernen) 1

Liebe Schülerin, lieber Schüler,

wir beginnen heute mit einem Teil des Unterrichts, der von dir selbstständig gestaltet wird. Du darfst deine Interessen in den Vordergrund stellen. Du bestimmst das Thema, organisierst die Informationen, schreibst auf einer Seite auf, was man über das Thema wissen sollte und erarbeitest im Unterricht eine „Anwendung". Unter einer Anwendung versteht man, dass man das, was man über das Thema weiß, in einer bestimmten Form bearbeitet, so dass es für andere anschaulich und interessant wird.

Folgende Anwendungen sind möglich: **Plakat, Vortrag, Fotogeschichte, Comic, Brief, Zeitungsartikel, Interview, Mindmap, Grafik, Modell ...** Vielleicht fällt dir ja auch noch etwas anderes für eine Anwendung ein.

Du darfst **einzeln oder** auch gerne in **Gruppen** bis zu **maximal vier Personen** arbeiten. In einer Gruppenarbeit entwickelt ihr aber bitte einen **Arbeitsplan,** der bei der Präsentation vorgelegt wird.

Auf deinem Planungsbogen findest du eine Orientierung, wonach deine **SAL-Arbeit bewertet** wird.

Bevor du an die Arbeit gehst, musst du **mit mir das Thema absprechen.** Achtung: Ich werde nicht jedes Thema genehmigen!

Du wirst nicht die gesamte Arbeit im Unterricht erledigen können. Das bedeutet also, dass die Arbeiten, die bis zum angegebenen Termin nicht fertig werden, außerhalb der Schule – also zu Hause – fertig gestellt werden müssen.

So, jetzt bin ich schon ganz gespannt darauf, was du für **tolle Ideen** hast, und was ich von dir lernen kann.

Viel Spaß und Erfolg bei deiner Arbeit!

Name: Klasse: Datum:

SAL 2 – Planung

Name: ______________________ Fach: ______________________

Thema: ______________________

Termine	Schritt 1	Schritt 2	Schritt 3

Schritt 1: Themenauswahl und Material

Schritt 2: Darstellungstext – Abschnittsüberschriften

Schritt 3: Methodische Anwendung

Bewertung:

Schritt 1

	umfangreich	angemessen	ausreichend	knapp	nicht vorhanden
Informationen					

Schritt 2

	sehr gut	gut	befriedigend	ausreichend	mangelhaft
Sprachliche Qualität					
Inhaltliche Qualität					

Schritt 3

	sehr gut	gut	befriedigend	ausreichend	mangelhaft
Kreative Qualität					
Inhaltliche Qualität					

Name: Klasse: Datum:

SAL 3 – Bewertung

Liebe Schülerin, lieber Schüler,
eure Mitschülerinnen und Mitschüler haben sich genauso wie ihr mit einem selbst gewählten Thema beschäftig: SAL – Selbstständiges Arbeiten und Lernen.

Nun sollt ihr euch darüber informieren, woran die Mitschülerinnen und Mitschüler gearbeitet haben. Mit diesem Beobachtungsbogen sollt ihr eure Einschätzung der Arbeit abgeben. Bedenkt bitte, dass ihr selbst für eure Arbeit gelobt werden wollt. Also seid aufrichtig und belohnt eure Mitschülerinnen und Mitschüler mit Lob für gute Arbeiten.

Name(n) der Mitschüler(in) / des Mitschülers: ______________________________

Thema: ______________________________

____

Anwendung: ______________________________

____

Schriftliche Information – 1 Seite handgeschriebener Text

	☺	😐	☹
Ich verstehe den Inhalt des Informationstextes.			
Die Schrift des Textes ist leserlich.			
Der Text ist interessant geschrieben.			
Ich habe etwas Neues über das Thema erfahren.			

Anwendung

	☺	😐	☹
Ich finde die Form der Anwendung geeignet.			
Die Anwendung ist gelungen.			
Ich werde die Form der Anwendung auch einmal ausprobieren.			
Ich würde gerne noch mehr über das Thema erfahren.			

Name der Beobachterin / des Beobachters: ______________________________

Name: Klasse: Datum:

SAL 4 – Bewertungsbogen

Name: ______________________________

Thema: ______________________________

____

Anwendung: ______________________________

____

Schriftliche Information – 1 Seite handgeschriebener Text

	☺☺ 5 Punkte	☺ 4 Punkte	😐 2 Punkte	☹ 0 Punkte
Der Informationstext ist verständlich.				
Die Schrift des Textes ist leserlich.				
Der Text ist selbst verfasst und interessant geschrieben.				
Der Text fasst wichtige Informationen über das Thema zusammen.				

Anwendung und Präsentation

	☺☺ 5 Punkte	☺ 4 Punkte	😐 2 Punkte	☹ 0 Punkte
Die Form der Anwendung ist für das Thema geeignet.				
Die Anwendung ist gelungen.				
Der Vortrag ist frei gehalten.				
Ich würde gerne noch mehr über das Thema erfahren.				

Note 1	Note 2	Note 3	Note 4	Note 5	Note 6
40–35 Punkte	34–29 Punkte	28–23 Punkte	22–16 Punkte	15–8 Punkte	7–0 Punkte

Datum ______________ Beobachter/in ______________________

Projektplanung

3

Von entscheidender Bedeutung für das Gelingen von Projektarbeit ist die Kompetenz des Lehrers, die Projektplanung sinnvoll und für die Schüler verständlich zu organisieren. Wahrscheinlich liegt hier auf Lehrerseite die Hauptverantwortung für erfolgreiche Projektarbeit. Wir haben die Teilkapitel so angeordnet, dass sie logisch aneinander anknüpfen, dennoch möchten wir hier ausdrücklich betonen, dass die im Folgenden beschriebenen Faktoren der Projektplanung keiner chronologischen Ordnung unterliegen, sondern dass sie stets ganzheitlich in ihrem Zusammenspiel zu betrachten sind. Erfolgreiche Projektplanung verlangt ein Bewusstsein für den gleichzeitigen Ablauf unterschiedlicher, sich gegenseitig bedingender Prozesse. Die folgende kurze Übersicht verdeutlicht die wesentlichen Bestandteile von Projektplanung.

Projektplanung für Schüler verständlich organisieren

Planung von Projektarbeit in 5 Schritten

- Auftrag und Rahmenbedingungen klären.
- Was ist Projektarbeit?
- Welchen Auftrag erteilt der Lehrer der Lerngruppe?
- Welche behördlichen und schulischen Vorgaben müssen berücksichtigt werden?
- Welche Möglichkeiten bestehen (Produktformen, Unternehmensformen, Themen)?
- Welche Ideen haben wir?

Ziele festlegen

- Welches Ziel / welche Teil-Ziele sollen erreicht werden?
- Ist das Ziel SMART formuliert?
- Anhand welcher Indikatoren lässt sich später feststellen, ob die Ziele erreicht worden sind?

Arbeitspakete schnüren und einen Projektstrukturplan erstellen

- Was ist zu tun, um die Ziele zu erreichen?
- Wie lassen sich die Ziele zu Arbeitspaketen bündeln?
- In welche Teil-Projekte lassen sich die Arbeitspakete gruppieren?
- Wie ist das gesamte Projekt sinnvoll zu strukturieren?
- Wer ist für welche Teile des Projektes verantwortlich? Welche Kleingruppen bilden sich?

Projektvereinbarung treffen
- Welche Aktivitäten gehören ganz genau zu den jeweiligen Arbeitspaketen?
- Welche Teilziele sollen ganz genau erreicht werden?
- Wer ist für was verantwortlich?
- Kann das Projektvorhaben vom Lehrer genehmigt werden?
- Welche Kriterien zur Bewertung des Produktes werden vereinbart?

Detaillierte Zeitplanung vornehmen
- Wer macht was bis wann – ganz genau?
- Welche Meilensteine sollen bis wann erreicht werden?
- Was genau soll bis zu einem jeweiligen Meilenstein erreicht werden?

Ausblick
- Was gilt es, im Blick zu behalten, um die Projektarbeit später reflektieren zu können?

3.1 Projektphasen

Je komplexer das Projektvorhaben ist, desto notwendiger wird die Unterteilung des Gesamtprojektes in verschiedene Phasen. Somit wird das Projektziel auf Teilziele heruntergebrochen. Diese Strukturierung ist für die sinnvolle Planung, Steuerung und Kontrolle des Gesamtprozesses unabdingbar. In der Literatur zum Projektmanagement finden sich unzählige unterschiedliche Phasenmodelle mit unterschiedlichen Bezeichnungen für die einzelnen Phasen. Zur Strukturierung der Projektarbeit in der Schule orientieren wir uns an einem 5-Phasen-Modell und bezeichnen die einzelnen Phasen komplexer Projekte als **Motivation, Planung, Durchführung, Dokumentation** und **Reflexion** (Schaubild s. Downloadlink, S. 18).

Motivation
- Klären der jeweiligen schulischen Rahmenbedingungen
- Ideensuche für ein mögliches Thema
- Ideensuche für ein mögliches Produkt
- Entscheidung, ob die Projektinitiative fortgesetzt wird

Planung

- Entwicklung eines Projektvorhabens bzw. einer Zielsetzung:
  - Eingrenzen des Themas
  - Festlegung und konkrete Beschreibung des Produktes
    - Art, Umfang, Materialien, Kosten
    - Qualitätsmerkmale bzw. Bewertungskriterien
    - mit dem Produkt verbundene Wirkungsabsichten
  - Zeitplanung für das Gesamtprojekt – Meilensteine festlegen
- Genehmigung des Projektvorhabens durch den Lehrer sowie schriftliche Zielformulierung (Projektvereinbarung)
- Erstellen von Arbeitsplänen:
  - Rechercheaufträge
  - Zeitplanung
  - Arbeitsteilung

Durchführung

- Umsetzen der Projektvereinbarung
- Ausführen des Arbeitsplans
- Ggf. Hinzuziehen von Experten (externen Beteiligten)
- Kontrolle von Teilzielen (Meilensteine), ggf. Korrekturen vornehmen
- Fertigstellung des Produkts
- Abschlusskontrolle

Dokumentation

- Das Produkt wird einer „Öffentlichkeit" (Schülern, Lehrern, Eltern, Stadtteil, Presse etc.) vorgestellt
- Bewertung der gesamten Projektarbeit

Reflexion

Diskussion und Reflexion über den Verlauf und das Ergebnis der Projektarbeit:

- Vergleich von Zielsetzung und erreichtem Ziel
- Informationszuwachs, Erkenntnisgewinn
- Beurteilung des Arbeitsprozesses
- Erfahrungen bei der Zusammenarbeit
- Entwicklung von Verbesserungsvorschlägen für die Durchführung zukünftiger Projekte

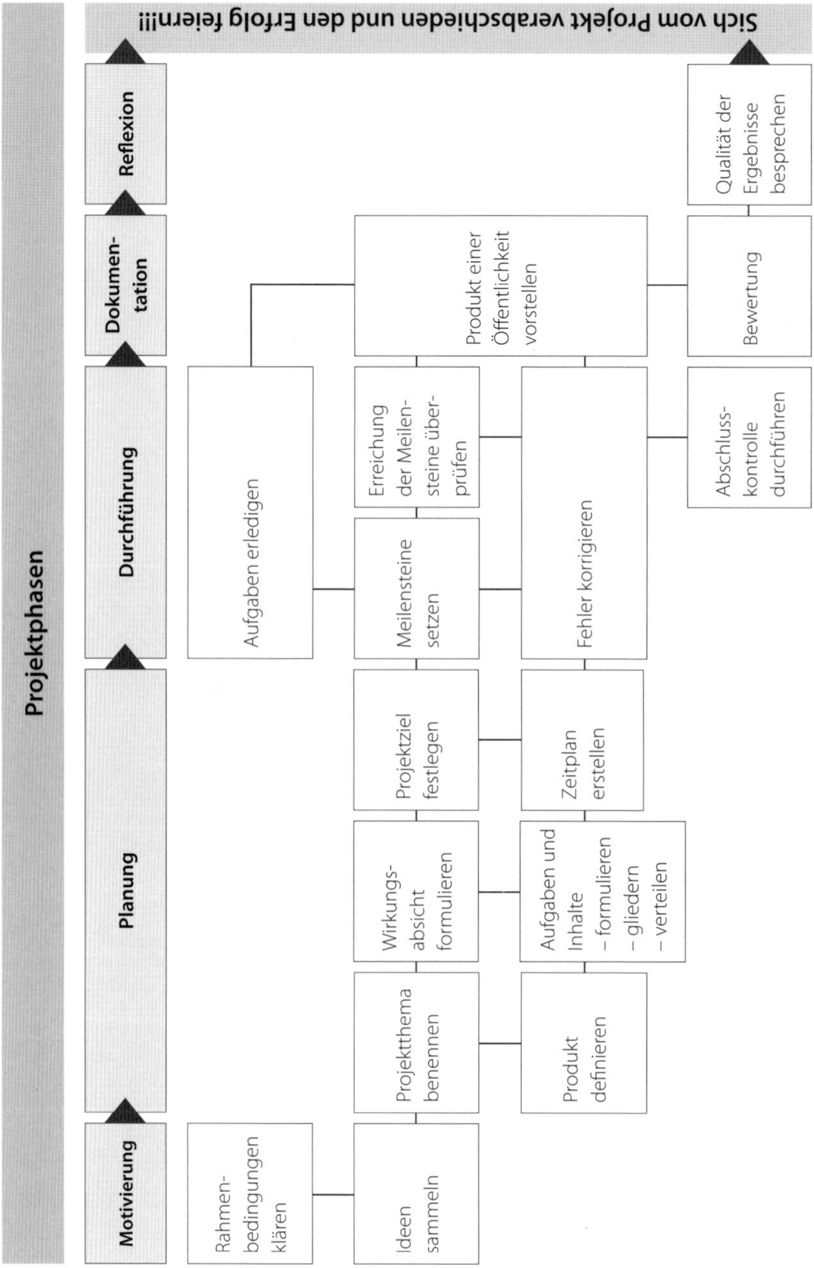
Projektphasen
Motivierung
Planung
Durchführung
Dokumentation
Reflexion
Sich vom Projekt verabschieden und den Erfolg feiern!!!
Rahmenbedingungen klären
Ideen sammeln
Projektthema benennen
Produkt definieren
Wirkungsabsicht formulieren
Aufgaben und Inhalte
– formulieren
– gliedern
– verteilen
Projektziel festlegen
Zeitplan erstellen
Aufgaben erledigen
Meilensteine setzen
Fehler korrigieren
Erreichung der Meilensteine überprüfen
Abschlusskontrolle durchführen
Produkt einer Öffentlichkeit vorstellen
Bewertung
Qualität der Ergebnisse besprechen

3.2 Zielbestimmung

So wie ich starte …

Die Illustration „So wie ich starte …" (Realschule Enger II 2005, 203) eignet sich gut als Gesprächsanlass bzw. Stundeneinstieg zum Thema Projektplanung. Aus einer ersten Bildbeschreibung lassen sich bei den fünf Teilnehmern spontan recht unterschiedliche Charakterzüge beobachten, dabei sollte man den Teilnehmer, der gar nicht im Bild ist, nicht übersehen. Oft kommen die Schüler von ganz allein auf die Frage, worin der Zusammenhang zwischen der Illustration und Projektarbeit besteht: Es geht um Fragen der Motivation und der Zielsetzung. Wünschenswert ist eine differenzierte Einschätzung der unterschiedlichen Herangehensweisen. Natürlich überzeugt Teilnehmer Nr. 4 durch zielgerichtetes und planmäßiges Handeln und hat bei einem Wettrennen beste Chancen auf den Sieg. In diesem Sinne ist das Verhalten von Teilnehmer Nr. 2 zwar weitaus weniger zielgerichtet und in einem Wettrennen weniger erfolgversprechend, dennoch lassen sich auch hier einige positive Aspekte wie z. B. „Freude am eigenen Tun" oder „Abenteuerlust" erkennen.
Im Anschluss daran können die Schüler eigene Erfahrungen in Hinsicht auf den Startschuss in Unterrichtsprojekte einbringen und sich ggf. mit den dargestellten Figuren vergleichen. Unter Umständen kommen Schüler auch darauf, dass die Figuren unterschiedliche, zeitlich aufeinander folgende Phasen in der Entwicklung von Motivation und Zielsetzung darstellen können.

Warum ist die Zielbestimmung so wichtig?

Solange man sich kein konkretes Ziel gesetzt hat, weiß man – im wahrsten Sinne des Wortes – nicht, wohin die Reise gehen soll. Um im Bild der Reise zu bleiben: Erst wenn man ein Ziel ins Visier genommen hat, kann man eine Einschätzung wagen, wie weit und wie umständlich der Weg dorthin sein mag. Unter Umständen stellt man fest, dass das Ziel (noch) unerreichbar ist, die Reise auf die geplante Art besser nicht stattfinden sollte. So lassen sich Irrwege, Fehlinvestitionen und nachhaltige Enttäuschungen vermeiden, wenn man sich ein besser zu erreichendes Ziel setzt.

Ziel ist Richtschnur für alle Projektaktivitäten

Das Ziel ist Richtschnur und Maßstab für alle Projektaktivitäten, deshalb ist es notwendig, dieses Ziel so präzise wie möglich zu definieren, denn:

- Anhand der ersten Zieldefinition kann eine Einschätzung vorgenommen werden, ob die **Projektaufgabe eine angemessene Herausforderung** darstellt.
- Anhand der Zieldefinition lässt sich die **Planung** durchführen, wie der Weg dorthin beschritten werden soll, also welche Arbeitsschritte bis zu welchem Zeitpunkt erledigt werden sollen.
- An der Zieldefinition kann schließlich im Vergleich mit dem Ergebnis der Erfolg des Projekts abgelesen werden, was für die **Transparenz der Bewertung** wesentlich ist.

Die möglichst präzise Definition des Projektziels zu Beginn der Projektplanung ist unabdingbar. Ohne Ziel lässt sich kein Weg denken. Dieses Ziel muss deshalb aber nicht in Stein gemeißelt sein. Auch zu einem späteren Zeitpunkt in der Durchführungsphase ist immer noch eine Kurskorrektur bzw. eine Neuausrichtung des Ziels möglich. Die primäre Funktion der Zieldefinition dient der Prozessplanung und -steuerung.

Welche Aufgabe hat der Lehrer bei der Zielbestimmung?

Projektanbahnung	• Lehrer legt Ziele fest.
Projektorientierung	• Schüler und Lehrer legen gemeinsam die Ziele fest. • Lehrer übernimmt führende Rolle.
Projekt	• Schüler formulieren Problem und Ziele selbstständig. • Lehrer berät Schüler bei der Zieldefinition. • Lehrer genehmigt die Projektaufgabe.

Wie lässt sich das Ziel definieren?

In der Wirtschaft haben sich zur genauen Definition eines Projektziels die Kategorien Inhalt, Ausmaß und Zeit etabliert. Wie Projektplanung aussieht, wenn diese Faktoren ignoriert werden, zeigt das folgende Negativ-Beispiel aus dem schulischen Alltag:

user1559 vom 14. 2. 2012
wir haben bald projektprüfung und wir haben das thema berlin. wie sollten wir das am besten planen? unser lehrer meinte mit einer „reise" sozusagen wir planen eine reise nach berlin bla bla... wir sind 4 personen wie machen wir das am besten ?
(http://www.gutefrage.net/frage/projektpruefung-berlin-ideen-gesucht)

„Berlin" als Thema für eine Projektprüfung stellt alle Beteiligten vor nicht zu lösende Probleme. Für user1559 erschließt sich der Inhalt nicht, für die verantwortliche Lehrkraft gibt es keine Möglichkeit, die Anstrengungen des Schülers angemessen zu bewerten. „Berlin" ist kein Projektthema, sondern in diesem Fall nur ein nebulöser Begriff.
Es gibt aber eine einfache und dennoch effektive Formel, anhand der sich schnell überprüfen lässt, ob eine Zielsetzung SMART formuliert ist oder nicht. Ein Ziel ist dann smart, wenn diese fünf Bedingungen erfüllt sind:

S	**s**pezifisch	Das Ziel soll konkret, eindeutig und präzise formuliert sein, sonst bleibt es nur ein vager Wunsch.
M	**m**essbar	Das Ziel und der Erreichungsgrad müssen (auch in Etappenschritten) überprüft werden können.
A	**a**ttraktiv	Das Ziel soll so attraktiv und persönlich bedeutsam sein, dass es sich lohnt, etwas dafür zu tun.
R	**r**ealistisch	Das Ziel soll eine Herausforderung darstellen, aber immer noch erreichbar sein.
T	**t**erminierbar	Zum Ziel gehört eine klare Terminvorgabe, bis wann es erreicht sein muss.

Diese Kriterien lassen sich leicht auf jeden gewählten Projektinhalt anwenden und klären gleich zu Beginn, ob ein Inhalt für ein Projekt geeignet ist. Wenn die Lehrkräfte in diesem Fall ihre Kriterien für die Durchführung und Bewertung der Projektarbeit bereits vor Beginn der Projektplanungsphase vorlegen, können die Schüler ihr Augenmerk darauf richten, was das Ergebnis ihrer Bemühungen sein soll. Sie können ein Ziel benennen, **das in Inhalt, Ausmaß und Zeit eindeutig definiert ist.** Der Inhalt des Projektes wäre nun nicht mehr „Berlin", sondern vielleicht „Berlin für Teens". Und das Projektziel könnte dann lauten: „Erstellung eines gedruckten Reiseführers Berlin für 13- bis 19-Jährige bis zum Abgabetermin des Produktes der Projektprüfung.

Auch wenn die Problematik des aufgeführten Beispiels offenkundig ist, so ist es insgesamt dennoch eine sehr anspruchsvolle Aufgabe für die Lehrkraft, abzuschätzen, welche Zielsetzung eine dem Entwicklungsstand der Schüler angemessene Problemstellung beinhaltet. Das Problem darf nicht zu schwierig, aber auch nicht zu einfach zu lösen sein, sondern soll eine echte, aber zu bewältigende Herausforderung darstellen.

Die inhaltliche Eingrenzung des Themas ist ein wesentlicher Teilaspekt, der immer berücksichtigt werden muss. Eine sehr brauchbare Methode zur Eingrenzung auch komplexer Themen ist z. B. der Thementrichter (HEUERMANN/KRÜTZKAMP, 2003, 152 ff.).

Darüber hinaus wird in dem Beispiel aber auch deutlich, wie sehr die inhaltliche Fokussierung auch mit einem produktiven Handeln in Verbindung zu bringen ist, was für die Zielbestimmung insgesamt unverzichtbar ist. Eine vollständige Zielformulierung definiert auch das Produkt und dessen Ausmaß.

Thema:	Berlin für Teenager
Inhalt:	Für Teenager interessante Reiseziele in Berlin
Ziel:	Erstellung eines gedruckten und altersgemäßen Reiseführers Berlin für 13- bis 19-Jährige
Produkt:	Gedruckter Reiseführer, DIN A5, ca. 20 Seiten
Zeit:	Bis zum vereinbarten Abgabetermin

3.3 Produktorientierung

Über den pädagogischen und didaktischen Sinn einer Neuausrichtung des Unterrichts durch Handlungs- und Produktorientierung ist bereits sehr viel geschrieben worden. An dieser Stelle fassen wir die Vorzüge aus unserer Sicht kurz zusammen.

Handlungs- und produktionsorientierter Unterricht bietet sich als Alternative zum Regelunterricht an, weil er …

- einen höheren Motivationswert hat (höherer Gebrauchs- und Mitteilungswert, höherer Realitätsbezug),
- unterschiedliche Lerntypen anspricht,
- ganzheitliches Lernen ermöglicht,
- Binnendifferenzierung vereinfacht,
- kooperative Lernformen trainiert,

- selbstständiges und problemlösendes Lernen ermöglicht,
- dazu beiträgt, dass Inhalte nachhaltiger verinnerlicht und (im wahrsten Sinne des Wortes) begriffen werden,
- die Abwicklung komplexer Prozesse trainiert,
- das Verständnis von Qualitätskriterien fördert und
- die Möglichkeit bietet, mit einer Öffentlichkeit in Kontakt zu treten.

Produkte sind konkret begreifbar

Bei der Planung von Projektarbeit ist die **Produktwahl** von entscheidender Bedeutung, denn **die Zieldefinition erfolgt maßgeblich über die Bestimmung des Produktes.** Das hat einen einfachen Grund, der für Schüler und Lehrer gleichermaßen gilt: Produkte sind konkret begreifbar. Es existieren also bereits erste, brauchbare Vorstellungen darüber, was z. B. ein Reiseführer oder eine Zeitung oder eine Radiosendung ist. Darüber hinaus gibt es konkrete Referenzobjekte, anhand derer sich die eigene Vorstellung überprüfen lässt. Wenn eine Lerngruppe z. B. die Aufgabe erhält, einen Reiseführer, eine Zeitungsausgabe oder eine Radiosendung zu einem bestimmten Thema zu gestalten, so ist davon auszugehen, dass die Schüler nicht völlig ratlos sein werden. Zwar werden sie mit Sicherheit nicht alle Features dieser Medien kennen, noch werden sie von vornherein wissen, wie komplex die Ausgestaltung der Aufgabe ausfallen soll, dennoch können sie eine – zu diesem Zeitpunkt vorerst ausreichende – Vorstellung von möglichen Projektzielen entwickeln.
Bei der Definition des Ziels ist es dann sehr wichtig die Qualitätsmerkmale des angebahnten Produktes zu klären, damit später eine transparente Bewertung erfolgen kann.

Welche Produkte kommen für schulische Projektarbeit in Frage?

Im wirtschaftlichen Sinne handelt es sich bei einem Produkt um eine **erzeugte Ware** (ein Artefakt) oder eine **Dienstleistung.** Wir orientieren uns weiterhin an der Vorstellung eines **komplexen Projektvorhabens** zur Vorbereitung auf die Projektprüfung, denn dieses sollte auch bei einfacheren Projektvorhaben als Leitbild dienen. Selbstverständlich ist es immer möglich, die hier vorgestellten Prinzipien auf ein einfacheres Niveau herunterzubrechen.
Im Rahmen eines komplexen Projektvorhabens zeichnet sich ein sinnvoll gewähltes Produkt dadurch aus, dass es in Bezug auf die **Form klar definiert,** in Bezug auf den Inhalt klar **eingegrenzt, übergreifend/komplex, innovativ** und **öffentlichkeitswirksam** ist.
Ein Projekt (und in diesem Fall auch das Produkt) kann als übergreifend bzw. komplex bezeichnet werden, wenn es fächerübergreifend organisiert

ist und wenn Funktionen und Personen unterschiedlicher Gruppen und Hierarchiestufen betroffen sind.
Komplexe Produkte orientieren sich in ihrem Entstehungsprozess und Zweck an den Bedingungen der außerschulischen Wirklichkeit. Wenn z. B. das Projektvorhaben darin besteht, **eine Schülerzeitung** zu produzieren, dann kann das Projekt als **übergreifend** bezeichnet werden, da hier wie im außerschulischen Produktionsprozess einer wirklichen Zeitung unterschiedliche Personen bzw. Gruppen mit unterschiedlichen Funktionen und Hierarchiestufen zusammenarbeiten. Natürlich lassen sich diese Prozesse und Produktionsbedingungen nicht eins zu eins auf den schulischen Bereich übertragen, entscheidend ist aber, dass sich aus dem Gesamtprojekt verschiedene Rollen ableiten lassen, deren Zusammenarbeit im Team erforderlich ist. Daraus ergeben sich auch Möglichkeiten der Binnendifferenzierung, sowohl über die mit der Rolle verbundene Aufgabe (Redakteur, Chefredakteur, Lektor, Layouter, Grafiker etc.), als auch über die thematische Schwerpunktsetzung der unterschiedlichen Ressorts.
Selbstverständlich besteht immer die Notwendigkeit, die Komplexität des Produktes den existierenden schulischen Verhältnisse anzupassen. Bei der Heranführung an ein Zeitungsprojekt werden sich die Schüler meist auf das Verfassen eines eigenen kleinen Artikels konzentrieren. Die Produktform einer Zeitung oder eines Journals eignet sich grundsätzlich gut zur Projektarbeit, da sie auf ganz unterschiedlichen Niveaus umgesetzt werden kann.
Ein Projekt kann darüber hinaus als **innovativ** bezeichnet werden, wenn
- es sich inhaltlich nicht bloß um die Reproduktion von Wissen handelt und
- die Erstellung des Produktes keine Routinehandlung darstellt.

Wann ist ein Projekt innovativ?

Innovation liegt z. B. dann vor, wenn
- investigative Recherche (z. B. Interview, Meinungsumfrage) geleistet wird,
- eigene Lösungsstrategien oder Szenarien entwickelt werden,
- eigene Interpretationen zu Themen oder Werken erstellt werden,
- bekannte Inhalte sinnvoll verknüpft werden und daraus eine Synthese gebildet wird (z. B. als Vergleich von Klimaprognosen) oder
- kreative Darstellungsformen gewählt werden (z. B. Biografie als Comic).

Mit dem Infoblatt *Entdecke die Möglichkeiten!* (s. S. 103) geben wir einen Überblick über mögliche Produkte für ein komplexes Projektvorhaben. Diese Sammlung soll den Schülern einen Eindruck von der Vielfalt der möglichen Produktformen geben.

Welche Teilaufgaben sind mit der Erstellung eines komplexen Produktes verbunden?

Ein komplexes Produkt zeichnet sich durch einen ideellen Mehrwert aus, d. h. in seiner Gesamtheit stellt es mehr dar als die Summe der einzelnen Teile. Beim Konzert einer Big-Band ergibt sich die Musik als Gesamtbild aus dem Miteinander der Instrumente und nicht aus einer Abfolge von Solodarbietungen. Natürlich ließe sich ein Konzert auch anders realisieren, z. B. als Gemeinschaftskonzert verschiedener kleinerer Bands, um im Bild zu bleiben.

Im Idealfall gelingt es, die gesamte Lerngruppe wie ein kleines betriebswirtschaftliches Unternehmen zu organisieren, das an einer gemeinsamen Aufgabe arbeitet. Die Leitfrage für den begleitenden Pädagogen ist dann: „In welche Art von Unternehmen kann sich meine Lerngruppe vorübergehend verwandeln?“ Hier eine kleine Auswahl:

- ein Zeitungsbetrieb
- ein Filmteam
- eine Theatergruppe
- ein Zirkusunternehmen
- eine Gruppe von politischen Aktivisten
- eine Werbeagentur
- ein Forschungsbetrieb
- eine Werkstatt
- ein Tourismusbüro

Je mehr es gelingt, die Lerngruppe als kleines Wirtschaftsunternehmen zu begreifen, desto augenscheinlicher wird das Gesamtprojekt als etwas wahrgenommen, das den gewöhnlichen schulischen Rahmen verlässt und mit dem wirklichen Leben zu tun hat. Ausgehend von der unternehmerischen Rolle, die sich für die Lerngruppe eignet und zum gewählten Thema passt, lassen sich das Produkt und dessen Veröffentlichungsform bestimmen. Auf dieser Basis lassen sich Teilaufgaben bzw. Rollen definieren, die die Grundlage für die Aufgabenverteilung innerhalb der Lerngruppe bilden. Auf diesen Aspekt der Gruppenbildung gehen wir im nächsten Kapitel genauer ein. Wir geben hier aber schon einmal ein einfaches Beispiel:

Thema:	Beispiel: Schein und Wirklichkeit
Unternehmensform:	Varieté-Theater
Produkt/Dienstleistung:	Varieté-Aufführung

Teilaufgaben/Rollen:	Geschäftsführung/Management • Conférencier • Licht-Techniker • Ton-Techniker • Musiker/Sänger • Akrobaten/Tänzer • Zauberkünstler • Comedians • Schauspieler • Werbe- und Marketingabteilung/ Veranstaltungsmanagement

Welche Produkte eignen sich für die jeweilige Lerngruppe?

Es gibt unterschiedliche Herangehensweisen. Man kann sich der Frage aus **fachlicher, methodischer** und **pädagogischer Sicht** nähern, wie die folgende Tabelle im Überblick zeigt. Wenn die unterschiedlichen Sichtweisen in Betracht gezogen und aufeinander abgestimmt werden, steigt sicherlich die Chance, dass sich die Beteiligten mit dem Projekt identifizieren können.

Sichtweise	Leitfragen
Fachliche Sicht	Welche Schnittmengen ergeben sich aus den beteiligten Fächern? Auf welche Artefakte und Dienstleistungen außerhalb der Schule bereitet der Fachunterricht traditionell vor?
Methodische Sicht	Welche fachspezifischen Methoden kommen bei der Herstellung des Produktes zur Anwendung?
Pädagogische Sicht	Welche unterschiedlichen Rollen innerhalb eines Kleinunternehmens können die Schüler erfolgreich ausfüllen und somit ein gemeinsames Ziel erreichen?

Um zu verdeutlichen, welche Vielzahl von Unternehmensformen in Frage kommt und welche Rollen damit im Allgemeinen zu verbinden sind, haben wir das Infoblatt *Die Lerngruppe als Unternehmen* (s. Downloadlink, S. 18) konzipiert. Sie soll den Schülern dabei helfen, das Projektvorhaben unter dem Aspekt der Wirtschaftlichkeit zu begreifen und dabei ihre persönliche Rolle zu finden. Natürlich besteht hier ein enger Zusammenhang mit dem Infoblatt *Entdecke die Möglichkeiten!* (s. S. 103).

Name: Klasse: Datum:

Entdecke die Möglichkeiten!

Produktformen für komplexe Projektvorhaben

Die Liste erhebt keinen Anspruch auf Vollständigkeit, zeigt aber gängige Produktformen.

- Das Produkt versteht sich als Arbeitsergebnis der gesamten Lerngruppe. Es kann sich aus unterschiedlichen Teilen der Liste zusammensetzen.
- Das Produkt soll keine Präsentation sein. Im Rahmen der Projektprüfung erfolgt eine eigenständige Präsentation des Produktes.
- Das Produkt ist öffentlichkeitswirksam, d.h., es kann durch Publikation, Vorführung, Aufführung, Durchführung und/oder Ausstellung einer Öffentlichkeit zugänglich gemacht werden.

Produktformen	Möglichkeiten der Veröffentlichung
Journalistische Formen	
• Zeitung/Journal (Bericht, Reportage, Interview, Kommentar, Fotografie etc.)	• Publikation, Ausstellung
• Radiosendung	• Publikation, Vorführung
• Website	• Publikation, Vorführung
• Film (Dokumentation)	• Publikation, Vorführung
• Umfrageauswertung	• Publikation, Vorführung
Literarische, theatrale und künstlerische Formen	
• Geschichtensammlung/Gedichtsammlung	• Publikation, Aufführung (Lesung/Poetry-Slam)
• Hörspiel	• Publikation, Vorführung
• Comic/Fotostory/Bildergeschichte	• Publikation, Vorführung
• Theaterstück, Sketch, Pantomime, Puppenspiel, Schattenspiel, etc.	• Aufführung
• Kurzfilm/Spielfilm	• Publikation, Vorführung
• Skulptur/Gemälde/Fotografie/Collage	• Ausstellung
• Wandgestaltung (Graffiti)/Begrünung	• Vorführung
• Lied	• Publikation, Aufführung
• Happening/Flashmob	• Aufführung
• Modenschau	• Aufführung
Interaktive, politische und edukative Formen	
• Spiel/Planspiel	• Vorführung
• Ratespiel/Quiz	• Vorführung
• Demonstration	• Aufführung/Durchführung
• Podiumsdiskussion/Debatte	• Durchführung
• Rallye – Schnitzeljagd	• Durchführung
• Reise/Ortsbesuch organisieren	• Durchführung
Wissenschaftlich-technische Formen	
• Experiment	• Vorführung
• Maschine (z. B. Solar-Auto)	• Vorführung
• Modell	• Vorführung, Ausstellung
• Fachbuch (Sammlung von Facharbeiten)	• Publikation, Vorführung
Werbewirksame Formen	
• Flyer/Poster	• Publikation
• Informationsstand	• Durchführung

3.4 Gruppenbildung

Projektarbeit ist immer auch Gruppenarbeit. Wir rekapitulieren zunächst das etablierte Begriffsinventar zum Umgang mit Gruppenarbeit in der Schule. Die damit verbundenen Überlegungen dienen der **Differenzierung von Gruppenarbeit** durch

- unterschiedliche Verfahren der **Gruppenbildung,**
- Unterscheidung von **Arbeitsaufträgen,**
- Definition von **Rollen** innerhalb der Gruppe.

Die **Gruppenbildung** kann nach vier Kriterien erfolgen:

- nach Leistungsfähigkeit: homogene (= leistungsgleiche) bzw. heterogene (= leistungsdifferenzierte) Gruppen,
- nach sozialen Beziehungen („Freundschaftsgruppen"),
- nach Interessen (z. B. nach Teilthemen) oder
- nach Zufall („Losgruppen" oder konstante Tischgruppen).

Gruppenarbeit lässt sich zudem unterscheiden durch unterschiedliche Formen von **Arbeitsaufträgen.** Zu nennen sind hier

- arbeitsgleiche bzw. arbeitsteilige Arbeitsaufträge sowie
- geschlossene, offene und freie Arbeitsaufträge.

Einsatz von geschlossenen, offenen und freien Arbeitsaufträgen

Bei **geschlossenen Arbeitsaufträgen** legt der Lehrer verbindlich und konkret fest, was die Schüler wann und wie tun sollen. Geschlossene Arbeitsaufträge sind vor allem dann einzusetzen, wenn eine Lerngruppe neu an Gruppenarbeit oder Projektarbeit herangeführt wird.

Offene Arbeitsaufträge sind nicht zu verwechseln mit unverbindlichen oder schwammigen Aufträgen. Auch die Offenheit muss sprachlich verständlich und inhaltlich eindeutig formuliert werden, z. B.: „Erstellt aus den folgenden Texten eine Text-Collage, die ihr für ein Zeitungstheater verwenden könnt!" Solche Arbeitsaufträge sollten erst dann gestellt werden, wenn Schüler mehrfach und mit Erfolg geschlossene Aufträge erledigt haben.

Bei **freien Arbeitsaufträgen** handelt es sich um verbindliche Vereinbarungen über die Einleitung oder Fortsetzung der Gruppenarbeit, z. B.: „Bereitet euch in eurer Gruppe auf die Klassenarbeit vor! Entscheidet selbst, was ihr üben wollt!" Sie entsprechen der theoretischen Zielbestimmung des Gruppenunterrichts. Die Gefahr, die Methodenkompetenz der Schüler zu überfordern, ist bei diesen Aufträgen aber groß. Deshalb können freie Aufträge erst dann gegeben werden, wenn sich eine Gruppe gefunden hat und mehrfach mit offenen Aufträgen erfolgreich war (vgl. Meyer 1987, 257 ff.).

Die unterschiedlichen **Rollen innerhalb einer Gruppe** werden vor allem bei der Einführung von Gruppenarbeit thematisiert. Klassische Rollen bei schulischer Gruppenarbeit sind z. B.: Gesprächsleiter/Gruppensprecher, Regelbeobachter, Schreiber/Zeichner, Zeitnehmer und Materialmanager, aber auch Rollen und Aufgaben, die sich über das zu erstellende Produkt definieren, z. B. als Regisseur, Fotograf, Zeichner, Schauspieler, Moderator etc. (vgl. REALSCHULE ENGER 2005, 56 ff.).

Den Prozess der Gruppenbildung organisieren

Ausgehend von den Grundlagen lassen sich nun Leitfragen für die **Organisation der Gruppenarbeit** in einem Unterrichtsprojekt formulieren:

- Nach welchem Prinzip wird die Lerngruppe in Arbeitsgruppen eingeteilt? Wer entscheidet über die Einteilung?
- Wie ist der Auftrag an die Gruppe zu formulieren?
- Welche Rollen innerhalb der Gruppe sind zu besetzen? Nach welchen Gesichtspunkten sind diese Rollen zu verteilen? Wie unterscheiden sie sich von den bekannten Rollen schulischer Gruppenarbeit?

Diese Fragen lassen sich nur im Zusammenhang beantworten. Im Idealfall findet die Gruppenbildung über die Eingrenzung des Themas sowie die Definition des Produktes statt, denn daraus ergeben sich logische Konsequenzen für die „Unternehmensgründung" der Projektgruppe. Wenn also die Lerngruppe als Kleinunternehmen betrachtet wird, ergibt sich automatisch eine komplexe Gruppenstruktur. Die Vergabe der Aufgaben und Rollen innerhalb dieses komplexen Gefüges ist das **Kernstück der Gruppenbildung.** Im Idealfall finden folgende Prinzipien dabei Berücksichtigung. Es kann aber an verschiedenen Stellen auch eine weniger demokratische Vorgehensweise gewählt werden.

Themenfindung, Zieldefinition, Gruppenbildung und Aufgabenverteilung

- Die Schüler entscheiden demokratisch, welches Thema/welche Inhalte sie zum Gegenstand des Projektes machen.
- Die Schüler entscheiden demokratisch, welches Produkt/welche Teil-Produkte sie zum Ziel des Projektes machen.
- Die Schüler entscheiden demokratisch, welche Form von Kleinunternehmen die Lerngruppe im Rahmen des Projektes darstellen soll.
- Die Schüler entscheiden demokratisch, welche Aufgaben und Rollen sie innerhalb dieses Kleinunternehmens übernehmen werden. Auch wenn bestimmte Rollen mehrfach vergeben werden können, sollten sich diese Rollen gegenseitig ergänzen. So kann arbeitsteilige Gruppenarbeit in methodischer und inhaltlicher Hinsicht realisiert werden.

- Die Bildung von Kleingruppen bzw. Teilprojekten erfolgt primär nach Interessen und Fähigkeiten. Eine Bildung reiner Freundschaftsgruppen ist nicht erstrebenswert, wobei soziale Beziehungen in jeder Form der Zusammenarbeit eine entscheidende Rolle spielen und deshalb gerade bei langfristigen Vorhaben nicht unberücksichtigt bleiben sollten.
- Die Bildung von Kleingruppen bzw. Teilprojekten ist in Bezug auf Homogenität und Heterogenität ergebnisoffen. Die komplexe Gesamtstruktur der gesamten Gruppe steht im Vordergrund.
- Der Projektauftrag an die gesamte Lerngruppe wird in Form eines freien Arbeitsauftrags formuliert. Die einzelnen Arbeitsgruppen formulieren ihre konkrete Zielbestimmung darauf möglichst präzise als geschlossenen Arbeitsauftrag. Der Lehrer prüft und genehmigt das Vorhaben.
- Die klassischen Rollen schulischer Gruppenarbeit werden im Sinne der komplexen Gesamtstruktur der ganzen Gruppe weiterentwickelt und den Rollen bei außerschulischen Produktions- und Dienstleistungshandlungen angepasst.

Ein Projektstrukturplan entsteht (Arbeitspakete werden geschnürt)
Die Gruppenbildung ist untrennbar mit der Aufgabenverteilung verbunden. Das folgende Infoblatt *Projektstrukturplan* verdeutlicht diesen Prozess.

Name: Klasse: Datum:

Projektstrukturplan

Arbeitspakete schnüren und strukturieren

Vorgehensweise:
- **Brainstorming:** Überlegt euch, was getan werden muss, bzw. welche Aktivitäten anstehen, um die Projektziele zu erreichen. Sammelt zunächst nur; feiner strukturiert wird im Anschluss.
- **Teilaufgaben/Teilprojekte:** Bündelt die Aktivitäten in drei bis sieben Säulen, die das gemeinsame Projekt tragen. Gebt jeder Säule eine passende Überschrift für die darunter vereinigten Aktivitäten. Jede Säule stellt einen Teil des Projektes dar und wird daher auch als Teilprojekt bezeichnet.
- **Vollständigkeit:** Überprüft jede Teilaufgabe (Säule): Sind weitere Aktivitäten zu ergänzen oder sind die Teilaufgaben bereits vollständig? Falls Aktivitäten fehlen, sollen diese hier ergänzt werden.
- **Arbeitspakete:** Bündelt die Aktivitäten als Arbeitspakete und findet dafür passende Bezeichnungen. Die Aktivitäten in einem Arbeitspaket sollten sachlich zusammenpassen. Die Arbeitspakete sollten in ihrem Umfang nicht zu sehr voneinander abweichen.
- **Klarheit:** Prüft die Zuordnung der Arbeitspakete zu den Teilaufgaben: Sind diese richtig zugeordnet? Falls sie falsch zugeordnet sind, sollen sie jetzt umgruppiert werden, so dass sich eine klare Struktur ergibt.
- **Zuständigkeiten:** Benennt Verantwortliche für jedes Teilprojekt, für jedes Arbeitspaket und einen Projektleiter bzw. eine Projektleiterin (über den Säulen). Diese behalten den Überblick und kümmern sich bei Engpässen oder Konflikten um eine Lösung.

Entwicklung eines Projektstrukturplans …

… am Beispiel eines Vorhabens eines Profil-Leistungskurses Kunst/Geschichte Q-Phase

Projektziel: Planung, Durchführung und Dokumentation eines ***Flashmobs*** als Kurs-Projekt im Rahmen der Projektprüfung in der Sekundarstufe II

1. Brainstorming: Was muss alles getan werden, bzw. welche Aktivitäten stehen an, um die Projektziele erreichen zu können?

Was muss alles getan werden, damit wir unsere Projektziele erreichen können?

Werbung machen	Weserstadion auf Eignung testen	Facebook-Seite einrichten	Hauptbahnhof auf Eignung testen
Kostüme kaufen	Fotos machen	Choreographie planen	
Dokumentation erstellen	Öffentliche Ankündigung	Masken herstellen	politische Hintergründe recherchieren

Das Brainstorming ergab zunächst 11 Aktivitäten.

2. und 3. Top down: Aufgaben zusammenfassen, Überschriften finden und auf Vollständigkeit überprüfen (Ergänzungen vornehmen), unsinnige Aktivitäten streichen

geschichtlicher Hintergrund	künstlerische Ausgestaltung	Teilnehmerakquise & Organisation	Auswahl der Location	Dokumentation
politische Hintergründe vorstellen	Masken herstellen	Werbung machen	Hauptbahnhof prüfen und vorstellen	Fotodokumentation erstellen
künstlerische Hintergründe vorstellen		Facebook-Seite einrichten	Einkaufszentrum prüfen und vorstellen	Filmdokumentation erstellen
Beispiele vorstellen		Choreographie einüben	Marktplatz prüfen und vorstellen	Homepage erstellen
		Generalprobe durchführen		

Entwicklung eines Projektstrukturplans …

4. bis 6. Von den Arbeitspaketen ausgehend (bottom up) überprüfen, ob die Zuordnungen richtig sind. Struktur festlegen und Zuständigkeiten vereinbaren.

Markus
Projektleitung

Vanessa geschichtlicher Hintergrund	alle Auswahl der Location	Kim Teilnehmerakquise & Organisation	Zeynep künstlerische Ausgestaltung	Josephine Dokumentation
David politische Hintergründe und Beispiele vorstellen	Tarek Hauptbahnhof prüfen und vorstellen	Paul Flyer herstellen	Merve Masken herstellen	Josephine Fotodokumentation erstellen
Sarah künstlerische Hintergründe und Beispiele vorstellen	Svenja Einkaufszentrum prüfen und vorstellen	Stanislav Facebook-Seite einrichten	Zeynep Uhren herstellen	Merle Filmdokumentation erstellen
	Merve Marktplatz prüfen und vorstellen	Kim Choreographie einüben		Julian Homepage erstellen
		Max Generalprobe durchführen		

Anmerkungen:

- Es können mehrere Schüler an einem Arbeitspaket arbeiten.
- Ein einzelner Schüler kann an mehreren Arbeitspakten arbeiten.
- Wer die Leitungsaufgaben für ein/e Teilprojekt/Teilaufgabe übernimmt, muss nicht alles selbst machen, aber er muss dafür sorgen, dass die Arbeitspakete termingerecht fertig gestellt werden.
- Der entstehende Projektstrukturplan gibt Aufschluss über die Schwerpunkte in den unterschiedlichen Phasen (Planung, Umsetzung und Dokumentation). Im Beispiel wird deutlich, dass die künstlerische Ausgestaltung erst erfolgen kann, wenn die geschichtlichen Hintergründe geklärt und die Location ausgewählt wurden.
- Teil der Planung ist auch die Entscheidung, ob der Flashmob eine politisch motivierte Aussage verfolgt oder rein künstlerisch ausgerichtet sein soll.

(Nach: Gessler, Michael / Uhlig-Schoenian, Jürgen (2013): Projektmanagement macht Schule, Nürnberg.)

3.5 Lehrer- und Schülerrolle

Die Idee der Projektarbeit basiert auf einem demokratischen Verständnis von Unterricht und Rollen von Schülern und Lehrern. An die Schüler wird ein größtmögliches Maß an Mitbestimmung, Selbstständigkeit und Eigenverantwortung übertragen, die Lehrkraft wird zum Prozessbegleiter, Moderator und fungiert als Kontrollinstanz.

Neben dieser allgemeinen Beschreibung der Lehrer- und Schülerrolle gibt es aber noch ein ganzes Paket von konkreten Erwartungen bzw. Aufgaben, die an die jeweilige Rolle gebunden sein können. Um diese Teil-Rollen systematisch betrachten zu können, scheint uns ein Vergleich mit der Definition von Rollen bei wirtschaftlichen Projekten außerhalb der Schule sinnvoll.

Im Glossar des Online-Portals „Projektmagazin" findet sich eine Definition des Terminus „Rolle", in der allein zwölf Beispiele für Rollen innerhalb einer Projektorganisation aufgelistet werden *(www.projektmagazin.de/glossarterm/rolle).*

Um den Sachverhalt zu vereinfachen und mit Unterrichtsprojekten vergleichbar zu machen, reduzieren wir die Anzahl dieser Rollen hier auf die folgenden fünf:

- Auftraggeber
- Lenkungsausschuss
- Projektleiter
- Projektteam
- Controller

Die Frage, wie diese Rollen zwischen Lehrern und Schülern aufzuteilen sind und insbesondere die Frage nach der Teilhabe der Schüler an Leitungs- und Kontrollrollen lässt sich nicht pauschal beantworten. Grundsätzlich gilt das Ziel größtmöglicher Selbstständigkeit und Eigenverantwortung der Schüler. Dem gegenüber steht die Pflicht des Lehrers, die Schüler vor Überforderungen zu bewahren.

Die folgende Tabelle liefert einen Überblick darüber, wie diese Rollen auf schulische Projektarbeit übertragen werden können.

Rollen innerhalb wirtschaftlicher Projekte	Rolle des Lehrers innerhalb schulischer Projekte	Rolle der Schüler innerhalb schulischer Projekte
Auftraggeber	• erteilt Auftrag • definiert Start- und Endpunkt • entlohnt die Projektleistung durch Benotung	• erteilen sich selbst den Auftrag oder nutzen ihr Mitbestimmungsrecht bei der Formulierung des Auftrags • akzeptieren Auftrag oder lehnen ihn ab
Lenkungs-ausschuss	• Konferenz setzt schulische Rahmenbedingungen fest	• Schülervertretung nimmt an der Konferenz teil
Projektleiter	• Unternehmensberater – Situationsanalyse (Inhalt – Ausmaß – Zeit) – Prozess-Management – Personal-Management	• Geschäftsführung/Management – Koordination – Finanzplanung – Kontrolle (z. B. Lektorat)
Projektteam	• Abteilungsleiter/Berater z. B. – Lektor – Chefredakteur – Vorsitzender – Meister – Experte	• Autoren • Redakteure • Künstler • Wissenschaftler/Forscher • Dokumentations- und Medienabteilung • Techniker • Handwerker • Marketingabteilung/Veranstaltungs-management
Controller	• kontrolliert Arbeitsprozess • gibt Feedback • bewertet Meilensteine • interveniert falls nötig	• Basisrollen von Gruppenarbeit: – Gruppenleiter/Gesprächsleiter – Regelbeobachter – Zeitnehmer – Materialmanager – Protokollant/Schreiber/Zeichner

Für jede Form von Projektarbeit gilt es von Neuem auszuloten, bis zu welchem Grad die Lehrkraft das Projekt leiten muss bzw. wie weit sie sich zurückziehen darf, um selbstständiges und eigenverantwortliches Arbeiten seitens der Schüler zu ermöglichen.

Ein Bewusstsein für die beschriebene Rollenstruktur sowie die mit den unterschiedlichen Rollen verbundenen Aufgaben kann in der Planungsphase dabei helfen, das Rollenverhältnis insgesamt auszutarieren. Dabei geht es einerseits um die Rollenverteilung zwischen den Schülern und andererseits um die Rollenverteilung zwischen Lehrer und Schülern.

Aus den folgenden Gründen ist eine im Vorfeld klar definierte und einvernehmlich vereinbarte Rollenverteilung für den weiteren Projektverlauf von enormer Bedeutung:

- Interessen und Fähigkeiten der Schüler finden größere Berücksichtigung.
- Durch Vereinbarungen in Bezug auf Arbeitsteilung und Hierarchiestufen unter den Schülern werden Grundlagen sowohl für funktionierende Teamarbeit als auch für eine differenzierte Leistungsbewertung geschaffen.
- Durch Vereinbarungen in Bezug auf Arbeitsteilung und Hierarchiestufen zwischen Schülern und Lehrkraft lässt sich der Schwierigkeitsgrad des Projektes (hinsichtlich Selbstständigkeit und Eigenverantwortung) den Rahmenbedingungen anpassen.

Natürlich ist es wünschenswert, dass Schüler selbst in den Bereich der Leitung vordringen und z. B. die Aufgabe des Chefredakteurs übernehmen. Dem gegenüber steht aber die Tatsache, dass die Schüler gerade auf der Ebene des Projektteams oft noch ausgiebigen Beratungsbedarf zeigen. Deshalb kann es sinnvoll sein, dass der Lehrer beispielsweise die Rolle des Chefredakteurs selbst übernimmt, um den Fortschritt des Projektes besser überblicken und ggf. notwendige Revisionen rechtzeitig veranlassen zu können. Auch wenn Projektunterricht grundsätzlich ein anderes Rollenverständnis von Lehrern und Schülern voraussetzt, so darf der Lehrer doch auch Lehrer bleiben, insofern als seine fachlichen und methodischen Kompetenzen in vielen (nicht allen) Bereichen über die der Schüler hinausgehen.

3.6 Projektvereinbarung

Der Übergang von der Motivierungs- zur Planungsphase ist fließend. Sobald die Lerngruppe eine möglichst differenzierte und konkrete Vorstellung des Gesamtziels entwickelt hat, können die Arbeitspakete geschnürt und individuelle Verantwortlichkeiten vereinbart werden.
Für die Schüler ist dies der eigentliche **Startschuss** in das Projekt. Um diesen Startschuss zu strukturieren und zu ritualisieren, verwenden wir die *Projektvereinbarung* in Zusammenhang mit dem Arbeitsblatt: *Erster Arbeitsplan – Wer macht was bis wann?* (s. S. 113 f.).
Diese beiden Papiere sind selbsterklärend. Sie sind dazu gedacht, den Schülern die ersten Schritte in das selbstständige Arbeiten zu erleichtern, wobei es zunächst immer noch um die Planung und noch nicht um die Durchführung des Projektes geht.
Es ist wichtig zu sehen, dass dies der Einstieg in die Feinplanung ist. Es geht also um die **Konkretisierung von Teilaufgaben,** die näher bestimmt werden durch **inhaltliche Fokussierung, Produktorientierung** und die damit einhergehende **Rollenverteilung.** In einem folgenden Schritt muss in jedem

Fall ein noch weiter differenzierter **Zeit- und Arbeitsplan** erstellt werden, den wir im folgenden Kapitel darstellen. Dieser kann dann zu einem zeitnahen Meilensteintermin vom Lehrer geprüft werden, so dass die Schüler noch relativ früh eine Rückmeldung darüber erhalten, wie erfolgversprechend ihre Zielsetzung bzw. die ersten Schritte auf dem Weg dahin sind.
Bevor sich die Schüler nun an die Arbeit machen, ist es die zwingend notwendige **Aufgabe des Lehrers,** die entwickelten **Teil-Zielvorstellungen** zu **prüfen** und zu entscheiden, ob das jeweilige Projektvorhaben genehmigt werden kann oder ob es überarbeitet werden muss. Zu diesem Zweck dient die Checkliste: Genehmigung eines Projektvorhabens (s. S. 116).
Bei einfacheren Projekten ist die Genehmigung in dieser Form unter Umständen gar nicht notwendig, da der Lehrer die Zielsetzung und ggf. auch die Gruppenbildung komplett vorgibt. Dies heißt aber nicht, dass die zugrundeliegenden Prinzipien nicht auch für einfachere bzw. weniger demokratisch organisierte Projekte gelten.

Begrenzung des Produktes durch die Faktoren Inhalt, Ausmaß und Zeit

Eine gelungene Zielbestimmung ist die erste Voraussetzung für das Gelingen jedes Projektes. Eine undemokratische aber klar definierte (und realistische) Zielbestimmung ist in jedem Fall besser als eine demokratische, aber unbestimmte Zielformulierung. Besonders wichtig ist die sinnvolle **Begrenzung des Produktes** durch die Faktoren **Inhalt, Ausmaß und Zeit.**
Erfahrene Projektgruppen und Projektlehrkräfte werden die Aufgliederung der einzelnen Projektaufgaben in kurzer Zeit realisieren können. Diese **Arbeitspakete** (s. S. 115) sollten dann sichtbar an zentraler Stelle aufgehängt werden, so dass alle am Projekt Beteiligten über den Fortgang informiert sind.

Name: Klasse: Datum:

Projektvereinbarung/Zielsetzung

Gruppenmitglieder: ______________________________

Fächer:	
Rahmenthema:	
Teilthema: (konkret eingegrenzt)	
Produkt: (konkret definiert)	
Generelle **Funktion** des Produktes: (Für wen wird das Produkt mit welcher Absicht entwickelt?)	
Erste Ideen von **Qualitätsmerkmalen** des Produktes:	
Individuelle **Aufgaben** und **Rollen:**	(siehe Arbeitsbogen: *Erster Arbeitsplan*)

Datum, Unterschriften:

____

Name: Klasse: Datum:

Erster Arbeitsplan: Wer macht was bis wann?

Schüler	Aufgaben-schwerpunkte (allgemein)	individuelle Aufgaben	zu erledigen bis

Name: Klasse: Datum:

Arbeitspaket

Arbeitspaket Nr.	Erstellt am:
Arbeitsbereich/-feld:	Verantwortlich:
Ziel:	Beteiligt:

Aufgaben:	Datum:
Bemerkungen:	Erledigt am:

Name: Klasse: Datum:

Checkliste – Genehmigung eines Projektvorhabens

Gruppenmitglieder: ______________________________

____

	erfüllt	Kommentar
Inhalt und Ausmaß		
• Ist das Thema dem Projektrahmen entsprechend inhaltlich sinnvoll eingegrenzt?	☐	
• Ist das Produkt in Form und Ausmaß eindeutig definiert?	☐	
• Liegt eine nachvollziehbare Kalkulation der Projektkosten vor?	☐	
• Ist die Funktion/Wirkungsabsicht des Produktes ausreichend beschrieben?	☐	
• Wurden erste Kriterien zur Qualitätsmessung des Produktes festgelegt?	☐	
Zeit		
• Sind ein zeitlicher Anfangs- und Endpunkt festgelegt?	☐	
• Sind konkrete Teilziele zu bestimmten Terminen definiert (Meilensteine)?	☐	
Zusammenfassend		
• Stellt die Zielsetzung eine angemessene Herausforderung dar?	☐	
• Ist eine wunschgemäße Fertigstellung realistisch?	☐	
• Besteht Klarheit über die erste Aufgaben- und Rollenverteilung in der Gruppe?	☐	

Das Projektvorhaben ☐ wird genehmigt / ☐ wird nicht genehmigt.

3.7 Zeitplanung und Meilensteine

Aus unserer Erfahrung können für die Gesamtprojektdauer folgende zeitliche Eingrenzungen als Faustregel gelten:

Projektanbahnung:	etwa 6 Unterrichtsstunden
Projektorientierung:	bis zu 6 Wochen
Projekte:	zwischen 4 bis 6 Monate

Den zeitlichen Beginn und den Endpunkt für ein schulisches Projekt bestimmt in der Regel die Lehrkraft (in der Rolle des Auftraggebers), wobei sie sich an den schulischen Rahmenbedingungen und der Komplexität des Projektvorhabens zu orientieren hat. Der zeitliche Rahmenplan für eine Projektprüfung in der 11. Klasse des Gymnasiums (Q 1) kann z. B. so aussehen.

Rahmenplan für die gesamte Projektgruppe

Fächerkombination	Englisch, Darstellendes Spiel, Politik
Rahmenthema	Visions of the Future (Utopia – Dystopia)
Veröffentlichungsziel	Filmische Collage (Vorführung)
Zeit	28.01.2014–06.06.2014

Rahmenplan für eine Teilgruppe

Inhalt	Der Stellenwert von Atomkraft am globalen Energiemarkt im Jahr 2050
Teil-Ziel/Arbeitspaket	Erstellung eines Werbefilms in englischer Sprache – Nutzung von Atomkraft im Jahr 2050
Produkt	Werbefilm von 3 bis maximal 5 Minuten Dauer, auf abspielbarer DVD in einem gängigen Format (m2t, avi, mpeg, etc.) abgespeichert.

Zeitplan

Nov./Dez.	Themenfindung und Bildung der Gruppen
28.01.	Projekttag: Startschuss & schriftliche Formulierung der Projektvereinbarung
13.02.	1. Meilenstein: Treatment
15.03.	2. Meilenstein: Exposé
15.04.	3. Meilenstein: Drehbuch/Storyboard

22.05.	4. Meilenstein: individuelle Rollenbiografien
02.-04.06.	Projektwoche: Fertigstellung des Produktes
05./06.06.	Projektwoche: Präsentation und Prüfungsgespräch

Verantwortung der Lehrkraft

Dieser Teil der Zeitplanung liegt in der Verantwortung der Lehrkraft. Es ist sehr wichtig, dass die Schüler noch vor dem Einstieg in die Durchführungsphase einen klaren Überblick über den Gesamtzeitplan erhalten, denn nur dann können sie ihrer eigenen Verantwortung gerecht werden und ihre eigenen Arbeitspläne sinnvoll organisieren und termingerecht umsetzen.
Die konkrete Zeitplanung in den Arbeitsgruppen wird üblicherweise in Form einer Tabelle organisiert. Im Gesamtüberblick kann die Zeitplanung dann z. B. so aussehen:

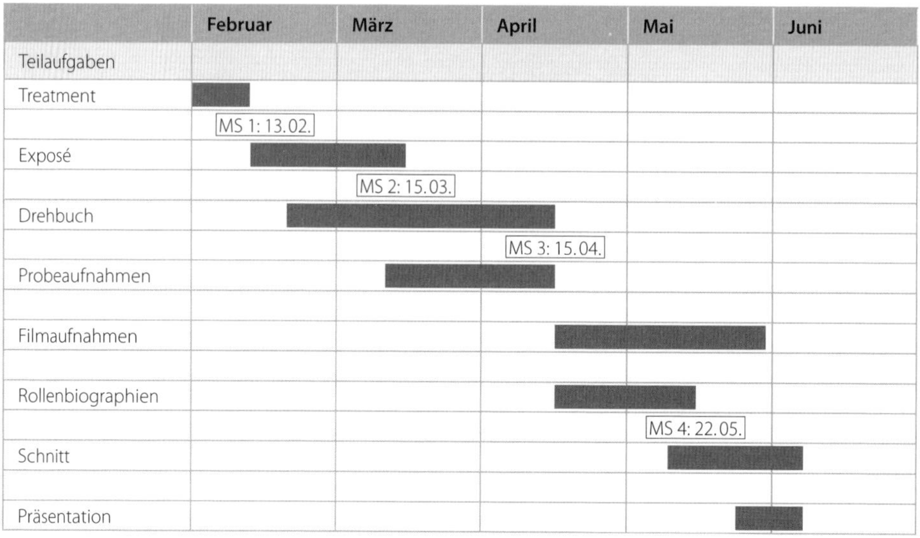

Verantwortung der Schüler

Bei langfristig angelegten Projekten macht es darüber hinaus Sinn, die Zeitabschnitte noch differenzierter zu betrachten, also die Monate in Wochen zu unterteilen und bestimmte Tage als Fixpunkte festzulegen, bis zu denen bestimmte Teilaufgaben erledigt sein sollen. Dabei gilt es auch zu vermerken, welche Gruppenmitglieder für welche Aufgaben zuständig sind und welche Materialien dafür benötigt werden. Dieser Teil der Zeitplanung **liegt in der Verantwortung der Schüler.** Als Vorlage hierfür dient der *Phasenplan* (s. S. 120).

Funktion der Meilensteine

Meilensteine markieren das Ende eines Arbeitsabschnittes innerhalb der Durchführungsphase. Dadurch wird das komplexe Endziel auf kleinere Teilziele reduziert. Gleichzeitig bietet sich die Möglichkeit, zu kontrollieren, ob die für den Arbeitsabschnitt geplanten Aktivitäten im Rahmen ihrer Zielvorgaben (Kosten, Termine, Ergebnisse) erledigt worden sind. Meilensteine sind deshalb Entscheidungspunkte für den weiteren Projektverlauf. Unterschieden wird zwischen drei Möglichkeiten:

- Alle bisherigen Aktivitäten befinden sich im Plan, die Phase kann abgeschlossen werden, das Projekt kann wie geplant fortgesetzt werden.
- Einige Aktivitäten, die eigentlich laut Planung bereits abgeschlossen sein sollten, weisen in den relevanten Größen (Kosten, Termine, Ergebnisse) signifikante Abweichungen auf. Es muss nachgearbeitet werden, um die Phase abschließen zu können.
- Es sind Ereignisse eingetreten, die eine sinnvolle Projektfortsetzung unmöglich erscheinen lassen, das Projekt wird gestoppt und ggf. ganz eingestellt oder unter neuen Rahmenbedingungen völlig neu aufgestellt.
  (Nach: Truecare GmbH)

Darüber hinaus kommt in der Organisation von Meilensteinen auch das Bestreben zum Ausdruck, sowohl die Zielsetzung als auch den Arbeitsprozess **messbar** zu machen. Dies spielt insbesondere für die Bewertung des Arbeitsprozesses eine wichtige Rolle.
Die Progression der verschiedenen Meilensteine sollte in Abhängigkeit vom Produkt und der insgesamt zur Verfügung stehenden Zeit wohl überlegt sein, denn sie prägt den Prozessverlauf maßgeblich.
Da komplexe Unterrichtsprojekte in ihrer Form einmalig sind und die damit verbundenen Handlungen in der Regel keine Routinearbeiten sind, ist auch damit zu rechnen, dass Schüler mit den Aufgaben, die durch einen Meilenstein gesetzt werden, noch nicht gut vertraut sind. In jedem Fall besteht die Gefahr, dass Schüler und Lehrer deutlich unterschiedliche Vorstellungen davon haben, was zu einem bestimmten Meilenstein von den Schülern zu erwarten ist. Aus diesem Grund ist es vorteilhaft, wenn die Lehrkraft zu jedem Meilenstein einen kurzen Leitfaden bereitstellt, um den Schülern einen Orientierungsrahmen dafür zu geben. Das Infoblatt *Leitfaden für ein Drehbuch* (s. S. 121) soll hier als Beispiel dienen. Weitere Informationen finden Sie als Download (s. Downloadlink, S. 18).

Jeder Meilenstein benötigt einen Leitfaden

Name: Klasse: Datum:

Phasenplan

Gruppe: ______________________________

Arbeitspaket: ______________________________

Woche von bis		1	2	3	4	5	6	7	8	9	10	11	12	13	14	15
Phasen und Aktivitäten	verantwortlich															
Planung																
Durchführung																
Abschluss																

(Nach: Gessler, Michael / Uhlig-Schoenian, Jürgen (2013): Projektmanagement macht Schule, Nürnberg.)

Name: Klasse: Datum:

Leitfaden für ein Drehbuch (als Meilenstein)

Grundsätzliches:

- Ein **Drehbuch** schildert den Verlauf einer Filmhandlung auf ca. einer Seite pro Minute.
- **Projektrahmen:** Eure **Aufgabe** besteht nicht darin, eine umfassende Gesamthandlung (etwa in Länge eines Spielfilms) zu erarbeiten. Stattdessen sollt ihr eine **kurze Sequenz von Szenen** erarbeiten. Dies könnt ihr euch vorstellen als einen **Ausschnitt** aus einer größeren Handlung. Dabei sollen wesentliche Motive und/oder **Konfliktpotenziale** dieser größeren Handlung erkennbar werden. Bildlich gesprochen: Schreibt eine **Kurzgeschichte** (aber keinen Roman!) für die Leinwand.
- Obwohl eine detaillierte Planung wichtig ist, müsst ihr euch bei der **späteren Umsetzung** nicht immer sklavisch an das Drehbuch halten.

Basics:

- Angaben zum **Setting** (Raum, Zeit, Atmosphäre und Licht)
- Der gesprochene **Text** in Dialogform
- **Regieanweisungen** (z.B. Intonation, Körpersprache, Handlungen)
- **Requisiten**
- Die Darstellung kann u.U. durch ein **Storyboard** erweitert werden

Weitere Aspekte:

- Symbole oder symbolische Handlungen
- Musik
- Gestik, Mimik, Proxemik
- Intonation
- Requisiten, Kostüme, Masken
- Verdeckte Handlung
- Schauspieltechniken (z.B. Freeze, Choreografie, chorisches Sprechen, Zeitlupe, Zeitraffer, Figurensplitting, Montage)
- Film: Kameraperspektive (Froschperspektive, Vogelperspektive etc.), Einstellungsgrößen (Panorama, Totale, Nahaufnahme, etc.), Kamerabewegung (Kamerafahrt, Schwenk, Zoom etc.)

Erläuterung:

Wichtig: Erläutert das Drehbuch indem ihr auf die folgenden Aspekte eingeht (Umfang: ein bis zwei computergeschriebene Seiten):

- Hintergrundinformationen (Fakten, Theorien)
- Gestaltungsabsichten (Aussageabsicht, Wirkungsabsicht)
- Quellenangaben

Weitere Infos findet ihr unter:

- www.drehbuchschreiben.org
- www.drehbuchwerkstatt.de/Fachtexte/WieDrehbuchaussieht.htm
- www.filmmachen.de/produktion/vorproduktion/drehbuch-schreiben

3.8 Bewertungsgrundlagen

Die abschließende Bewertung von Projektarbeit findet erst in der Dokumentationsphase statt. Dennoch halten wir es für unumgänglich, die wesentlichen Faktoren bereits in der Planungs- bzw. Durchführungsphase mit den Schülern zu klären bzw. zu verabreden. Dabei geht es um folgende Fragen:

- Auf welchen Teilleistungen basiert die Gesamtbewertung und wie werden die Teile gewichtet?
- Welche Qualitätsmerkmale werden für die Teilleistungen vereinbart? Wie lässt sich beobachten bzw. bewerten, bis zu welchem Grad die Qualitätsmerkmale erreicht werden?
- Welche Verfahren zur Bewertung der individuellen Leistung sollen Anwendung finden?

Transparenz der Bewertungskriterien

Im Verlauf dieses Kapitels wollen wir ein Bewertungsverfahren für komplexe Projekte skizzieren, das sich aus unserer Erfahrung bewährt hat. Dieses Verfahren berücksichtigt die Vorgaben für die Projektprüfung, es lässt sich natürlich variieren und auf andere Projektformate zuschneiden. Wesentliche Ziele dabei sind die Transparenz der Bewertungskriterien und die Praktikabilität des Bewertungsvorgangs.

Diagnostische Grundlagen

Bohl (2004, 60) skizziert die **Phasen des Beurteilungsverfahrens** in offenen Unterrichtssituationen wie folgt:

Phase	Konkretisierung/Beispiel
Leistungs-vereinbarung	Die Lehrerin vereinbart mit ihrer Klasse, im Rahmen eines mehrwöchigen Projekts am Ende z. B. eine Präsentation und ein Produkt zu bewerten.
Leistungs-erbringung	Die Jugendlichen arbeiten in Gruppen und erbringen die vereinbarten (und weitere) Teilleistungen. Die Leistungserbringung bezieht sich auf den Prozess, die Präsentation und das Produkt – unabhängig davon, ob alle drei Bereiche später bewertet werden.
Leistungs-beobachtung	Die Lehrerin (oder auch Mitschüler) beobachten die Leistung (z. B. eine Präsentation) i. d. R. anhand eines vereinbarten Beobachtungsbogens.
Leistungs-beschreibung	Die Lehrerin beschreibt die beobachtbaren Verhaltensweisen während einer Präsentation, z. B. „Die verwendete Buchstabengröße auf der Folie ist ab der zweiten Reihe nicht lesbar." (Die Lehrerin wird dies in der Situation sicherlich kürzer formulieren, z. B. „nicht lesbar".)
Leistungs-bewertung	Die beschriebene Verhaltensweise wird in einen bestimmten Bewertungsmaßstab (z. B. Notenskala, skaliertes Raster) eingeordnet und erst damit als z. B. gut oder schlecht definiert.

Phase	Konkretisierung/Beispiel
Leistungs-beurteilung	Eine Beurteilung fasst mehrere Bewertungen über einen längeren Zeitraum (z. B. ein Halbjahr oder ein Schuljahr) hinweg zusammen und führt z. B. zu einer Note im Zeugnis.
Leistungs-dokumentation	Überfachliche Kompetenzbereiche können in einer getrennten Zeugnisbeilage dokumentiert werden (z. B. Thüringen).
Leistungs-prognose	Aus den Erkenntnissen über die Leistungsfähigkeit innerhalb der Schulzeit wird auf zukünftige Verhaltensweisen geschlossen.

Unser besonderes Interesse gilt zunächst den Phasen der **Beobachtung,** der **Beschreibung** und der **Bewertung.** Der Übergang zwischen diesen Phasen findet eher unbewusst statt und wird möglicherweise in Sekunden vollzogen. Insbesondere der Übergang von der Beschreibung zur Bewertung kann grundsätzlich nur dann vernünftig vollzogen werden, wenn Transparenz über die erwartete Leistung und deren Bewertung besteht.

Ein geeignetes Mittel zu diesem Zweck ist die **gemeinsame Festlegung von Bewertungs- oder Qualitätskriterien** (s. S. 129) und die Konzeption von **Bewertungsbögen.** Diese Schritte müssen bereits zu Anfang der Durchführungsphase vollzogen werden. Die *Bewertungsbögen Kurzfilm* bzw. *Facharbeit* (s. S. 129 f.) zeigen beispielhaft auf, wie eine solche Vorlage auch für sehr komplexe Produkte aussehen kann. Auf dem Bewertungsbogen werden die wesentlichen Gestaltungsaspekte des Produktes benannt (z. B. Schauspiel) und in sich weiter spezifiziert (z. B. Mimik, Gestik, Proxemik, Stimme). Für jeden Schwerpunkt wird eine bestimmte Anzahl von Rohpunkten vergeben, deren Summe 100 ergibt. Darüber hinaus ist für jeden Schwerpunkt eine Kommentarspalte vorgesehen, in der die Lehrkraft die Vergabe von Rohpunkten verbal erläutern kann. Selbstverständlich müssen die Rohpunkte nicht zwangsläufig so gewichtet werden, wie es in der Vorlage vorgeschlagen wird, sondern sie können den Schwerpunkten auch in anderer Gewichtung zugeordnet werden. Durch die Neugewichtung der Rohpunkte kann also im Vorfeld eine Verabredung zwischen der Lehrkraft und den Schülern über den Schwierigkeitsgrad und die gestalterischen Schwerpunkte des angestrebten Produkts getroffen werden. Dieser finale Teil der **Zielbestimmung** ist enorm wichtig für die spätere **Bewertung,** denn dadurch wird für die Schüler **transparent,** was von ihnen erwartet wird. Für die Lehrkraft stellt der Bewertungsbogen darüber hinaus in der Dokumentationsphase eine erhebliche **Arbeitserleichterung** dar.

Gewichtung der Bewertungsinhalte in Absprache mit den Schülern

Der Aspekt der **Beobachtbarkeit** spielt deshalb eine besondere Rolle, weil nicht alle Teilleistungen in gleicher Weise beobachtbar sind: Im Vergleich zur Bewertung des Arbeitsprozesses und der Präsentation ist die Produktbewertung einfacher. Ein Produkt kann mehrfach beobachtet und beschrieben werden. Für die Einordnung in einen Bewertungsmaßstab bleibt mehr Zeit, wohingegen der Arbeitsprozess und die Präsentation flüchtiger und weniger greifbar sind.

Insbesondere der **Arbeitsprozess** während der Durchführungsphase **entzieht sich über weite Phasen der Beobachtung.** Die logische Schlussfolgerung ist: „Was ich nicht beobachten kann, das kann ich auch nicht bewerten."

Da sich die Durchführungsphase von Projekten in weiten Teilen **der Beobachtung durch den Lehrer entzieht,** bieten sich zwei andere Instrumente der Leistungsfeststellung für diese Phase an. Diese sind zum einen die **schriftliche Ausarbeitung genau formulierter Arbeitspakte** bis zu einem bestimmten Zeitpunkt, also die **Meilensteine,** und zum anderen das Führen eines **individuellen, schriftlichen Projektjournals.** Beide Instrumente basieren auf dem gleichen Prinzip: Ein schwer bis gar nicht beobachtbarer Prozess wird transferiert in ein Produkt, das viel eindeutiger zu beschreiben und zu bewerten ist.

Die Festlegung von Bildungsstandards durch die Kultusministerkonferenz hat zu neuen, kompetenzorientierten Prüfungsformaten geführt, was wiederum eine Neuausrichtung des Unterrichts voraussetzt. Um diese Kompetenzorientierung des Unterrichts zu gewährleisten, werden herausfordernde und schüleraktivierende Unterrichtssituationen (wie z. B. Projektarbeit) angestrebt, weil diese den Schülern die Möglichkeit bieten, ihre vorhandenen Kompetenzen auf der Basis eigener Handlungen und Erfahrungen weiterzuentwickeln und so in **fachlicher, methodischer, sozialer** und **persönlicher Hinsicht** ein höheres Kompetenzniveau zu erreichen.

In diesem Zusammenhang bietet die Kompetenzorientierung auch eine neue Perspektive auf die Leistungsbewertung individueller und gemeinsamer Arbeits- und Lernprozesse im Rahmen komplexer Unterrichtsvorhaben, wie die folgende Tabelle zeigt (vgl. PARADIS/WESTER/GREVING 2014, 43).

Inhaltlich-fachlicher Lernbereich	Methodisch-strategischer Lernbereich	Sozial-kommunikativer Lernbereich	Persönlicher Lernbereich
Erwerb von sicherem Begriffswissen	Erwerb von Arbeitstechniken und Lernstrategien	Erfahrungen in der sozialen Gemeinschaft	Erfahrung und Selbsteinschätzung der eigenen Stärken und Schwächen
Niveaustufe A			
wissen, kennen, beherrschen, anwenden können	*aus Materialien Informationen entnehmen, exzerpieren, strukturieren, ordnen*	*zuhören, argumentieren, fragen, kooperieren*	*ein realistisches Selbstbild entwickeln und Selbstvertrauen gewinnen*
Niveaustufe B			
verstehen, übertragen, erschließen, ordnen, sich selbstständig auseinandersetzen	*Prozesse planen, organisieren, gestalten, Arbeitsdisziplin wahren, Ordnung halten*	*sich in andere einfühlen, Signale wahrnehmen, integrieren, Konflikte lösen*	*die Fähigkeit zum Engagement entwickeln, (Selbst-)Kritikfähigkeit aufbauen*
Niveaustufe C			
urteilen, begründen, reflektieren, problematisieren, erörtern	*Entscheidungen treffen*	*Ergebnisse präsentieren, Diskussionen und Gespräche leiten*	*Werthaltungen entwickeln*
Fachkompetenz	**Methodenkompetenz**	**Sozialkompetenz**	**Personalkompetenz**

Die vier Dimensionen des kompetenzorientierten Lern- und Leistungsbegriffs

In dieser Tabelle wird die Progression der Niveaustufen, die den Anforderungsbereichen 1–3 der KMK-Bildungsstandards entsprechen, deutlich. Andererseits veranschaulicht die Synopse der Operatoren den Zusammenhang zwischen den Kompetenzbereichen. Beides ist wesentlich bei der Beurteilung von Leistungen in komplexen, schüleraktivierenden Unterrichtssituationen.

Um die Leistungsbewertung im Rahmen von komplexer Projektarbeit sinnvoll zu organisieren, stellen sich zwei Fragen:

- Welche Kompetenzen stellen in welcher Phase bzw. welchem Prüfungsbestandteil die Schwerpunktkompetenzen dar?
- Welche Kompetenzen lassen sich an welcher Stelle gut oder weniger gut überprüfen?

Projektphase	Gegenstand der Leistungsbewertung	Gewichtung	Fokus der Leistungsbewertung/ pädagogisches Ziel
Planung	Projektvereinbarung (ohne Bewertung)		Zielfindung
Durchführung	Meilensteine	20 % Gruppennote	Prozess • Fortschritt (inhaltlich-fachlich) • Fortschritt (methodisch-strategisch) • Fortschritt (sozial-kommunikativ)
Dokumentation	Produkt	30 % Gruppennote	Ergebnis • Gestalt (inhaltlich-fachlich) • Gestalt (methodisch-strategisch) • Gestalt (sozial-kommunikativ)
	Präsentation	30 % Einzelnote	Darstellung • individuelle Sachkompetenz (inhaltlich-fachlich) • individuelle Transferleistung, Urteilsfindung und Einsicht in Funktion des Produktes (alle Kompetenzen) • individuelle Darstellungsleistung (methodisch-strategisch & sozial-kommunikativ) • individuelle Reflexion (persönliches Lernen)
Reflexion	Gespräch	20 % Einzelnote	Darstellung (s. o.)

Ein mögliches Bewertungsverfahren für komplexe Projekte

Planung

Da diese Phase primär der **Zielfindung** dient, findet hier noch keine Bewertung statt. Wenn hier etwas zu bewerten wäre, dann wäre es die Fähigkeit des Lehrers, die Projektorganisation in der Anfangsphase anzuleiten. Die Projektvereinbarung stellt also einen bewertungsfreien Startschuss dar. Die Vertiefung der dort festgelegten Ziele kann dann bereits Gegenstand des ersten Meilensteins sein.

Durchführung

Der Arbeitsprozess ist für die Lehrkraft zu größten Teilen nicht beobachtbar, deshalb kann der Prozess nur durch einen Kunstgriff bewertet werden. In Form der Meilensteine entstehen kleine, schriftliche Produkte, die über den **Fortschritt** der Arbeit Auskunft geben. Die Bewertung der einzelnen Meilensteine erfolgt in schriftlicher Form und wird den Schülern im Rahmen eines Beratungsgesprächs erläutert. Dabei kann der Lehrer immer noch Hilfestellungen und Arbeitsanregungen für die weiteren Schritte geben. Wichtig ist hier auch die Kontrolle des sozialen Klimas innerhalb der Gruppe. Die Bewertung von drei bis vier Meilensteinen erfolgt (im Idealfall) als Gruppenleistung und geht mit 20 % in die Gesamtwertung ein.

Dokumentation 1: Produkt

Das Produkt wird (im Idealfall) ebenfalls als Gruppenleistung gesehen und geht mit 30 % in die Gesamtwertung ein. Die Bewertung des Produktes lässt sich auch differenzieren, wenn individuelle Anteile am Produkt eindeutig ausgewiesen werden können. Dies ist im Vorfeld mit den Schülern zu klären. Eine andere Möglichkeit der Differenzierung besteht darin, dass die Schüler eine **begründete Selbstbewertung** vornehmen, in der sie ihre individuellen Anteile (Rollen, Aufgabenpakete) an der Fertigstellung des Gesamtproduktes beschreiben und deren Gewichtung in Prozentangaben festlegen. Diese Selbstbewertung kann individuell oder in der Gruppe vorgenommen werden. Die Lehrkraft sollte mit den Schülern im Vorfeld vereinbaren, mit welchem Prozentsatz die Selbstbewertung, sofern sie sachlich und realistisch vollzogen wird, in die Produktnote eingeht. Ein solch freies Verfahren ist im Rahmen der Projektprüfung allerdings unzulässig, da Schüler sich hier nicht selbst bewerten dürfen.

Das Produkt an sich ist in seiner **Gestalt** bewertbar. Üblicherweise unterscheidet man hier zwischen **Inhalt** und **Form.** Mit Inhalt ist dann im Allgemeinen der Sachbezug und Informationsgehalt des Produktes gemeint, was in den Bereich der Fachkompetenz fällt. Die formale Gestalt variiert natürlich von Produkt zu Produkt, dennoch kommen hier vor allem die Methoden- und die Sozialkompetenzen zum Tragen.

Das **Produkt** ist eindeutig zu beobachten, zu beschreiben und im Abgleich mit zuvor vereinbarten Qualitätskriterien zu bewerten. Die Frage nach **Sachbezug** und **handwerklicher Qualität** ist also am Maßstab der Bewertungskriterien zu beantworten. Was anhand des Produktes dagegen nicht eindeutig zu beantworten ist, ist die Frage, wie intensiv die Schüler die angesprochene Thematik, ihr eigenes Handeln und die Funktion des Produktes individuell durchdrungen haben.

Dokumentation 2: Präsentation
Da das Produkt in Bezug auf die individuelle Durchdringung der Thematik, des eigenen Handelns sowie der Funktion des Produktes keine verlässlichen Beobachtungen zulässt, kommt der Präsentation eine besondere Rolle zu. Der Fokus liegt hier auf der **Individualisierung der Leistungsbewertung** mit einer besonderen Konzentration auf den **Anforderungsbereich III.** Neben der individuellen Sachkompetenz, stehen die individuelle Transferleistung, Urteilsfindung und die Einsicht in Funktionen des Produktes im Vordergrund. Es werden also alle Kompetenzen, möglichst auf der höchsten Niveaustufe geprüft. Darüber hinaus kommen die individuelle Darstellungsleistung sowie die individuelle Reflexionsfähigkeit zum Tragen. Die Präsentation versteht sich deshalb nicht als bloße Vorführung des Produktes, sondern als eine Art „Verkaufsveranstaltung" oder „Verteidigung" (Disputation) durch die an der Fertigstellung beteiligten Gruppenmitglieder. Die Präsentationsleistung geht als Einzelnote mit 30 % in die Gesamtnote ein.

Reflexion
Im Anschluss an die Präsentation folgt das Prüfungsgespräch. Hier geht es um die **Vertiefung der Ergebnisse der Präsentation.** Der Schwerpunkt liegt bei der Transferleistung, also im **Aufgabenbereich III.** Die Lehrkraft hat hier die Möglichkeit, gezielt nachzufragen, z. B. wenn bestimmte Aspekte in der vorhergehenden Präsentation nicht deutlich genug geworden sind. Seitens der Schüler ist hier in fachlicher Hinsicht eine ähnliche Leistung wie in der Präsentation gefragt, mit dem Unterschied, dass die Schüler zudem ihre Fähigkeit zur kooperativen Gesprächsführung unter Beweis stellen sollen. Die Gesprächsleistung geht als Einzelnote mit 20 % in die Gesamtnote ein.
Die Vereinbarung von Bewertungskriterien sowie die Information über die Gewichtung der verschiedenen Projektbestandteile ist zentraler Bestandteil der Planung und Zielsetzung. Beides muss unbedingt im Rahmen der Planungsphase erfolgen (s. a. Allgemeine Kriterien zur Bewertung des Produkts in der Projektprüfung, Downloadlink S. 18 und S. 129 f.).

Name: Klasse: Datum:

Bewertungsbogen Kurzfilm (Spielfilm o. Dokumentation)

Titel ____________________

____

Schüler ____________________

Für besondere Leistungen können Extrapunkte vergeben werden.

Inhalt (50 %)	**Filmlänge:** 5 bis 10 Minuten; Darstellung in sich geschlossen und „rund"? (Der Film kann insgesamt als Teil einer größeren Handlung begriffen werden)	____/10
	Gesamteindruck 1: Idee des Films: Aussage, Sachbezug, Originalität, Wirkungsabsicht	____/10
	Gesamteindruck 2: Qualität der Umsetzung: Verständlichkeit, Informationsgehalt, Kreativität, Wirkung	____/10
	Dramaturgie/Filmaufbau/Wirkung: gradlinig / auf mehreren Ebenen strukturiert? → spannend, amüsant, bedrückend, (beabsichtigt) rätselhaft, seriös?	____/10
	Redaktion/Drehbuch: Qualität und Aussagewert von Kommentar, Monolog, Dialog; Qualität von stillen Passagen	____/10
Form (50 %)	**Schauspiel:** Mimik, Gestik, Proxemik und Stimme der Schauspieler; Kostüme/Requisiten	____/10
	Kamera-Arbeit: Belichtung, Schärfe, Bildgestaltung, Motivwahl, Kameraeinstellungen, Kameraführung	____/10
	Vertonung: Tonqualität (Verständlichkeit, Störgeräusche); Auswahl von Kommentar, Monolog und Dialog (Mischung) sowie von Musik, Geräuschen und Originalton; Toneffekte	____/10
	Schnitt: Rhythmus, Kontinuität, Übergänge, Zeitsprünge, Montage, ggf. Vor-/Abspann	____/10
	Besondere Gestaltungsmittel: S/W-Film, Farbeffekte, Tricktechnik, Animation, Beleuchtungs-Effekte, etc.	____/10
	Punkte Total	____/100

sehr gut			gut			befriedigend			ausreichend			mangelhaft		
15	14	13	12	11	10	09	08	07	06	05	04	03	02	01
ab 95	90	85	80	75	70	65	60	55	50	45	40	33	27	20

Name: Klasse: Datum:

Bewertungsbogen Facharbeit

Titel ______________________________

Schüler ______________________________

Für besondere Leistungen können Extrapunkte vergeben werden.

Form (50 %)	**Umfang und Layout:** Ränder, Schrift, Zeilenabstand, Ausrichtung, Seitenzählung, Seitenanzahl nach Vorgabe	____/10
	Aufbau/Gliederung: Inhaltsverzeichnis, sinnvoll gegliederte und geordnete Darstellung	____/10
	Wissenschaftsorientierung: Unterscheidbarkeit zwischen Übernahme, Bericht und eigener Interpretation, Zitation nach Vorgabe	____/10
	Quellen/Materialien: Umfang, Vollständigkeit (Literatur, Grafiken, Bilder, Fotos, Fragebögen, Folien, Interviews), Literaturverzeichnis/Quellenangaben nach Vorgabe	____/10
	Sprache: Fachsprache wird berücksichtigt und korrekt verwendet, Rechtschreibung, Zeichensetzung, Grammatik weitgehend fehlerfrei, Ausdrucksvermögen klar	____/10
Inhalt (50 %)	**Einleitung:** Begründung der Themenwahl, Eingrenzung des Themas, Entwicklung der zentralen Fragestellung/Arbeitshypothese, Definition wichtiger Begriffe	____/10
	Hauptteil I: Umfang und Gründlichkeit der Recherche, Qualität der Quellen, Konzentration auf das Wesentliche, sachliche Richtigkeit	____/10
	Hauptteil II: logische Struktur und Stringenz der Darstellung, Differenziertheit der inhaltlichen Auseinandersetzung, Anwendung fachspezifischer Methoden	____/10
	Ertrag der Arbeit: Verhältnis von Material, Fragestellung und Ergebnis, Grad der vertieften gedanklichen Durchdringung (abstrahierend, selbstständig, kritisch)	____/10
	Schluss: kurze Zusammenfassung, Perspektive der Verwertung von Erkenntnissen, Einbeziehen der Arbeitshypothese und der Methodik in das Ergebnis	____/10
	Punkte Total	____/100

sehr gut			gut			befriedigend			ausreichend			mangelhaft		
15	14	13	12	11	10	09	08	07	06	05	04	03	02	01
ab 95	90	85	80	75	70	65	60	55	50	45	40	33	27	20

3.9 Externe Beteiligte

Schulische Projekte bleiben häufig im schulischen Rahmen, sei es als Unterrichtsprojekt oder als Projekt, das der Schule selbst dient (z. B. Umgestaltung des Schulhofes, Ausrichtung einer schulischen Veranstaltung). Selten sind externe Personen an Schüler- oder Schulprojekten beteiligt, weil von den Lehrkräften eine zu große Einflussnahme in der Durchführung des Projektes befürchtet wird. Derartige Befürchtungen widersprechen dem pädagogischen Ansatz von handlungsorientiertem und offenem Unterricht. Gerade Projekte sollen Türen der Schule öffnen und Verfahren, Organisationsformen und Handlungsweisen der außerschulischen Arbeitswelt exemplarisch verdeutlichen. Aus diesem Grund ist es wünschenswert, wenn Experten an Schüler- und Schulprojekten teilhaben. Diese Experten bieten eine realitätsnahe Perspektive und den Vergleich von schulischer Projektarbeit mit der Projektarbeit in der Wirtschaft.

Experten und Eltern einbeziehen

Eltern

Zuvorderst sind Eltern Begleiter ihrer Kinder im Prozess der Projektarbeit. Sie unterstützen, trösten, spornen an oder erweitern das Spektrum an Ideen und Kontakten. Zudem empfiehlt es sich, Eltern an der Veröffentlichung der Projektprodukte zu beteiligen, sei es in Präsentationen, Jahrgangsausstellungen, Elternabenden oder Schulfesten. Diese Aspekte sind fördernd und in jeder Form zu begrüßen. Schwierig wird es, wenn nicht mehr deutlich wird, wie groß der Anteil an Unterstützung durch die Eltern im Projekt ist. Ein Produkt, das zu Hause erarbeitet wurde und nicht dem gewohnten Leistungsbild des Schülers entspricht, deutet auf eine unangemessene Hilfe hin. So geben vor allem die Meilensteine immer wieder Hinweise darauf, dass Diskrepanzen zwischen einem perfekten Produkt und einer nachlässigen Produktentwicklung bestehen. Diese Diskrepanzen sollten dann in der Präsentation und im anschließenden Gespräch thematisiert werden.

Experten

Fachleute/Experten bereichern Projektarbeit in der Schule ungemein. Da nicht jeder Lehrer auch gleichzeitig Experte für sämtliche Fragen, Aufgaben und Lösungen in einer fächerübergreifenden, innovativen Projektarbeit sein kann, sollte – sofern die Möglichkeit dazu besteht – auf Personen zurückgegriffen werden, die berufliche Erfahrungen mit dem zu lösenden Problem besitzen. Diese Personen zu finden, ist zunächst nicht leicht, aber möglich. Machen Sie einen Aushang im Kollegium, schreiben Sie die Eltern an mit der Bitte, ihre privaten Kontakte zu nutzen oder wenden Sie sich an die jeweilige Industrie- und Handelskammer. Sie werden erstaunt sein, wie schnell Sie Experten und Unternehmen finden, die Sie bei Ihrer Projektarbeit unterstützen wollen. Dies kann z. B. geschehen durch:

- Bereitstellung von Informationen,
- Begleitung und Beratung einer Projektgruppe in den einzelnen Projektphasen,
- Verfügbarmachung von technischen Geräten,
- Bereitstellung von Räumlichkeiten für die Veröffentlichung der Ergebnisse oder
- Finanzierung von benötigtem Werkzeug und Material

Bei all diesen Möglichkeiten sollten Sie jedoch immer darauf achten, dass Ihre Schülergruppe das Projekt durchführt. Der Name des unterstützenden Unternehmens oder der unterstützenden Person sollte immer erst an zweiter Stelle genannt werden.

Organisationen, Institutionen, Unternehmen

Das Angebot zur Durchführung von Projekten unter der Schirmherrschaft von Organisationen, Institutionen oder Unternehmen ist nahezu unüberschaubar. Immer gibt es dabei etwas zu gewinnen, weil eine Konkurrenzsituation zugunsten des Projektveranstalters hergestellt wird. Sie treten mit Ihrer Projektgruppe gegen andere Projektgruppen an. Der Projektveranstalter wählt die besten Ergebnisse aus und kann immer mit einem qualitativ hochwertigen Ergebnis in der Außendarstellung punkten. Der Anteil der prämierten Projektgruppen ist häufig aber sehr gering – eine Urkunde des Bundespräsidenten stellt heutzutage kaum noch einen Schüler zufrieden. Die Erfolgschancen sollten Sie Ihrer Projektgruppe nicht verheimlichen, da zu Beginn des Projektes die Erwartungshaltung der beteiligten Schüler immer sehr hoch ist, vor allem mit der Aussicht auf einen Gewinn. Diese Euphorie reduziert sich jedoch sehr schnell, wenn die Arbeit – häufig neben dem allgemeinen Schulpensum – überhand nimmt. Wenn sich die erwartete Belohnung dann nicht einstellt, ist die Frustration darüber so stark, dass weitere Projekte von den enttäuschten Schülern mitunter nicht mehr angenommen werden.
Der Vorteil dieser Projekte liegt allerdings darin, dass sämtliche Bedingungen, vorausgesetzte Methoden und Termine im Vorfeld bekannt sind. Eine Bewertung wird von den Projektveranstaltern vorgenommen. Der Arbeitsaufwand liegt für die Lehrkraft so in einem überschaubaren Rahmen. Diese Überlegungen müssen vor der Teilnahme an externen Projekten gegeneinander abgewogen werden.

4 Projektdurchführung

Wenn alle Vorüberlegungen zu einem in Inhalt, Ausmaß und Zeit eindeutig definierten Ziel münden, liegt die Arbeit bei den Schülern. In der Durchführungsphase fungiert die Lehrkraft als Beobachter und hält sich weitestgehend aus der Projektarbeit zurück. Die Qualitätssicherung über die Abgabe von Meilensteinen erfolgt in überschaubaren Zeitabständen. Eine ausführliche Rückmeldung über die Qualität der Meilensteine muss zeitnah erfolgen, damit Schüler auf diese Kritik reagieren können. Insofern verstehen sich Meilensteine weniger als Instrument der Bewertung, sondern vielmehr als Steuerungsinstrument. In einer Projektprüfung ist das Maß der Erreichung der Meilensteine für die Schüler ein geeigneter Hinweis für den Zwischenstand ihrer Arbeit.

4.1 Kurskorrektur

Trotz guter Planung und intensiver Absprachen kann es sein, dass Projektgruppen Gefahr laufen, das Projektziel nicht zu erreichen. Dies kann ganz unterschiedliche Gründe haben, die in ihrer Vielfalt hier nicht dargestellt werden können. Eine grundlegende Änderung des Projektziels oder des Themas sollte bis maximal zur Abgabe des 2. Meilensteins unter Angabe von triftigen Gründen möglich sein. Das Projekt startet dann neu, wird zeitlich aber nicht verlängert. Die geforderten Meilensteine müssen dann in kurzen Zeitabständen nachgereicht werden. Auf drei wesentliche Gründe für ein mögliches Scheitern möchten wir eingehen.

Das Projektziel ist zu hoch gesteckt worden

Schüler können häufig die gesamte Dimension einer Projektarbeit nicht abschätzen und neigen dazu, die zur Verfügung stehende Zeit ebenso falsch einzuschätzen wie die Verfügbarkeit von externen Beteiligten. So wird spätestens nach der Abgabe des 2. Meilensteins deutlich, dass die Planung zu optimistisch war und das eigentliche Ziel nicht erreicht werden kann. Dann müssen Anpassungen vorgenommen, der Kurs muss korrigiert werden. Da dies ein nicht unüblicher Vorgang auch im Rahmen von Wirtschaftsunternehmen ist, sollten Schüler beruhigt werden, wenn ihre Planungen nicht realisiert werden können. Es ist bei Gruppenprojekten dann angezeigt:

- den Inhalt und/oder den Umfang des Produktes zu reduzieren,
- den zur Verfügung stehenden Zeitrahmen zu verlängern oder
- Experten für Teilaufgaben heranzuziehen.

Bei gruppenübergreifenden Projekten kann man:

- Teile aus dem Gruppenziel herauslösen und eventuell einer anderen Gruppe übertragen,
- Teilaufgaben durch Experten erledigen lassen oder als Lehrkraft selbst aktiv werden oder
- Aufgaben ganz streichen und damit den Inhalt und/oder den Umfang des Produktes reduzieren.

Einzelne Schüler arbeiten nicht mit

Auseinandersetzungen innerhalb einer Projektgruppe treten immer auf. Die verteilten Rollen und Aufgaben sollten allerdings dafür sorgen, dass gruppeninterne Konflikte auch im Rahmen der Gruppe gelöst werden. Sind diese Konflikte über einen längeren Zeitraum auch durch Einflussnahme der Lehrkraft nicht zu lösen,

- kann die Gruppe geteilt werden, beide Gruppen arbeiten weiter an derselben Aufgabe,
- können einzelne Schüler anderen Gruppen zugeordnet werden,
- können einzelne Schüler das Projekt in Einzelarbeit fortsetzen,
- können unmotivierte Schüler ganz aus dem Projekt herausgenommen werden, müssen dann aber mit anderen Aufgaben versorgt werden.

Technische Probleme verhindern die Zielerreichung

Der Drucker versagt kurz vor Abgabe des schriftlichen Produktes, ein Familienmitglied hat aus Versehen das erarbeitete Modell zerstört, übermittelte Dateien sind beschädigt oder können nicht gelesen werden, dies alles können Gründe dafür sein, dass das Projektziel nicht erreicht werden kann. Leider sind dies alles aber keine Gründe dafür, den Zeitrahmen zur Abgabe des Produktes zu verlängern. Die Schüler sollten sich bewusst sein, dass sämtliche Arbeiten am Projekt immer abgesichert sein sollten. Ist eine Sicherung nicht erfolgt, so liegt das in der Verantwortung der jeweiligen Arbeitsgruppe. Auch wenn es reizvoll ist, das Produkt oder andere Projektarbeiten zum vereinbarten Termin abzugeben, so sollte den Schülern vermittelt werden, dass sämtliche Termine „bis zum … – Termine“ sind, alle Arbeiten also auch früher abgegeben werden dürfen oder sollten.

4.2 Projektjournal

Das Führen eines Projektjournals – oder auch einer Projektmappe oder Portfolio – dient der Sammlung und Dokumentation individueller Arbeitsleistungen. In einem Projektjournal müssen enthalten sein:

- Ein selbst gestaltetes Deckblatt zum Projektthema mit den formalen Angaben zur Schule, zum Kurs, zu den Beteiligten etc.
- ein vollständiges Inhaltsverzeichnis mit Spalten für das Datum, den Inhalt sowie die jeweilige Seitenzahl,
- ausgeteilte und bearbeitete Arbeitsblätter,
- sämtliche Unterlagen, die für die Projektprüfung von Bedeutung sind, also auch Notizen und Protokolle,
- sämtliche Arbeiten, die zu Hause angefertigt wurden sowie
- Kopien der ausgefüllten Formblätter, die abgegeben wurden.

Häufig wird für die Bewertung eines Projekts von Lehrkräften die Abgabe eines Prozessberichtes verlangt, um den Reflexionsgrad der Schüler messen zu können. Die Erfahrung hat jedoch gezeigt, dass dieser Prozessbericht erst gegen Ende des Projekts rückblickend angefertigt wird. Zudem ähneln sich Prozessberichte innerhalb einer Gruppe sehr stark, so dass davon auszugehen ist, dass diese Berichte von einem Schüler zum anderen weitergegeben werden. Eine wirkliche Reflexion der Projektleistung und der eigenen Beteiligung am Prozess findet so nicht statt. Dies muss im Rahmen der Präsentation erfolgen. Dennoch empfehlen wir, ein Projektjournal anlegen zu lassen, das jederzeit eingesammelt werden kann und so einen guten Einblick über den Fortschritt im Projekt und die Qualität der Arbeit gewährt.

5 Dokumentation

Es gibt eine Vielzahl unterschiedlicher Projektphasenmodelle. Im Prinzip lassen sich aber alle Modelle in drei grobe Phasen unterteilen, und zwar in **Planung, Durchführung und Abschluss.**
Bei wirtschaftlichen Projekten geht es – sehr vereinfacht dargestellt – in der **Abschlussphase** um eine Abschlusskontrolle und die anschließende Inbetriebnahme bzw. Vermarktung des Produkts. Dies ist verbunden mit einer Evaluation des Projektes auch in Hinsicht auf mögliche Anschlussprojekte.
Da Projektarbeit in der Schule sich zwar an den Prinzipien „echter" Projekte orientieren soll, aber doch im schulischen Rahmen auf ganz andere Voraussetzungen trifft, halten wir für die Phase, die sich an die Durchführungsphase anschließt, die Bezeichnung „Dokumentation" für geeignet. Für die Dokumentation sind zwei Dinge maßgeblich: Zum einen wird das Produkt einer im Einzelfall noch genauer zu definierenden **Öffentlichkeit** vorgestellt, zum anderen erfolgt in der Dokumentationsphase die abschließende **Bewertung** der gesamten Projektarbeit.

Projekte einer Öffentlichkeit vorstellen

5.1 Veröffentlichung, Produkt-Präsentation und Prüfungsgespräch

Warum soll das Produkt öffentlichkeitswirksam sein?
Das Ziel von Projektarbeit besteht in der Herstellung eines Produktes und in dessen Nutzbarmachung. Dieser Aspekt ist so wesentlich, weil die Projektarbeit dadurch auf einen anderen Sockel gehoben wird und die Inhalte des Unterrichts einen tieferen Sinn erhalten. Im Regelunterricht erfüllen Schüler ihre Aufgaben meist deshalb, weil Lehrpläne es verlangen und dies die Voraussetzung für eine gute Note ist. Das Resultat der Arbeit verlässt nicht den Klassenraum und wird so relativ schnell wieder vergessen.
Viele, verheißungsvolle Projekte enden genau an der Stelle, wo es richtig interessant werden könnte. Es wird eine Menge Arbeit in Organisation und Durchführung gesteckt, doch am Ende wird vergessen, die Resultate einer Öffentlichkeit vorzustellen. Im Prinzip ist das so, als würde eine Produktionsfirma einen Spielfilm herstellen, danach aber darauf verzichten, diesen in die Kinos zu bringen und später als DVD zu verkaufen. Was in diesem Beispiel absurd klingt, ist im schulischen Alltag oft normal.
Für schulische Projekte gibt es kleinere und größere Formen von Öffentlichkeit: Eine szenische Darstellung z. B. kann auf dem nächsten Eltern-

abend oder in der Aula vor der gesamten Schülerschaft aufgeführt werden. Entscheidend dabei ist nicht die Größe des Publikums, sondern die Tatsache, dass das Projekt überhaupt einer Öffentlichkeit zugeführt wird.

Worin besteht der Unterschied zwischen Veröffentlichung und Produkt-Präsentation?

Wir unterscheiden hier bewusst zwischen „Veröffentlichung“ und „Präsentation“. Die Veröffentlichung ist die Nutzbarmachung des Produktes durch Herantreten an eine Öffentlichkeit. Das geschieht in der Regel durch eine Ausstellung, Vorführung, Aufführung oder Publikation.

Die Präsentation des Produktes ist obligatorischer Bestandteil der Projektprüfung. Man kann sich diese Präsentation auch vorstellen als eine „Verkaufsveranstaltung“ bzw. als „Verteidigung“ (Disputation). In diesem Prüfungsteil sollen die Schüler dokumentieren, wie tief sie die Arbeit am Projekt intellektuell durchdrungen haben. Die Präsentation stellt also ein sehr wichtiges Instrument für eine differenzierte individuelle Bewertung der Projektleistung dar. Bei der Durchführung von einfacheren Projekten kann dennoch auf eine solche Produkt-Präsentation verzichtet werden.

Kann im Rahmen von Projektarbeit eine Präsentation (im Sinne von „Referat“) als eigenständiges Produkt betrachtet werden?

Eine Präsentation (im Sinne von „Referat“) ist eine Dienstleistung, die die Darstellung von Inhalten zu einem bestimmten Thema in Sprache und Bild vor einem Publikum beinhaltet. In den Jahrgangsstufen 5 bis 8 ist es durchaus zulässig, das Training von grundlegenden Präsentationstechniken als Produkt anzusehen, da die exponierte Stellung vor einem Publikum für die Schüler mehr als eine Routineaufgabe darstellt.

Dahingegen sind ab Jahrgang 9 im Rahmen von Projektarbeit Präsentation und Produkt klar voneinander zu trennen, da die Schüler bezüglich des Präsentierens von Unterrichtsinhalten hinreichend Erfahrung gesammelt haben sollten, so dass das Präsentieren von Inhalten eine Routineaufgabe darstellt, die den Anforderungen an Projektarbeit nicht gerecht wird.

Im Rahmen der Projektprüfung sollte das Produkt darüber hinaus auch deshalb keine Präsentation (im Sinne von „Referat“) sein, da die Projektprüfung eine eigenständige Präsentation des Produktes vorsieht, deren Schwerpunkt in Transfer- und Reflexionsleistungen besteht. Die Präsentation als Teil der Prüfung ist hier also ein separater Prüfungsbestandteil, der weder mit dem Produkt, noch mit dessen Veröffentlichung gleichzusetzen ist.

Die Tatsache, dass Veröffentlichung und Präsentation nicht verwechselt werden dürfen und dass keiner der Teile entfallen darf, gilt natürlich für sämtliche Produktformen. Ist das Produkt z. B. ein Kurzfilm, so ist die bloße Vorführung des Filmes vor Publikum noch keine Präsentation des Produktes, sondern lediglich dessen Veröffentlichung. Die Produkt-Präsentation mit dem Ziel der Bewertung von Transfer- und Reflexionsleistungen könnte dann im Anschluss an die Vorführung des Films erfolgen z. B. als Interview mit dem Regisseur und den Schauspielern oder als eine kurze Dokumentation im Stil eines „Making of …".

Leitfragen für die Produkt-Präsentation

Natürlich hängt die Produkt-Präsentation inhaltlich und formal stark von der gewählten Produktform ab. Dennoch gibt es einige übergeordnete Leitfragen, die man den Schülern rechtzeitig mitteilen sollte, um sie darauf aufmerksam zu machen, dass die Reflexionsleistung eine wesentliche Rolle bei der Präsentation spielt.

- Was ist am Produkt besonders gelungen?
- Was könnte am Produkt verbessert werden?
- Welche Absichten hatten wir bei der Gestaltung des Produktes?
- Wie haben wir den Arbeitsprozess organisiert?
- Wie haben wir die Arbeit untereinander aufgeteilt?
- Wie sind wir mit Schwierigkeiten umgegangen?
- Wir beurteilen wir die Zusammenarbeit?
- Was haben wir gelernt? Welche Erkenntnisse haben wir gewonnen?

Das Informationsblatt *Fragenkatalog zur Projekt-Reflexion* (s. Downloadlink S. 118) soll dazu dienen, den Schülern relativ klare Leitfragen zur Vorbereitung auf die Produkt-Präsentation bzw. auf das Prüfungsgespräch zu geben. Es gilt zu vermeiden, dass die Schüler ihre Präsentation überwiegend reproduktiv gestalten, z. B. durch kleinschrittiges Nacherzählen des Entstehungsprozesses oder durch Wiederholung von inhaltlichen Details, die bereits durch das Produkt kommuniziert worden sind, denn diese Art von Informationen tragen nicht zur Differenzierung der individuellen Leistungsanteile bei.

Funktion und Durchführung des Prüfungsgesprächs

Im Rahmen der Projektprüfung dient das Prüfungsgespräch der Vertiefung der Ergebnisse der Produkt-Präsentation. Bei einfacheren Projekten kann analog zur Produkt-Präsentation auf diesen Teil verzichtet werden. Es empfiehlt sich dann aber, alternative Instrumente der Leistungsdifferenzierung

anzuwenden, z. B. die Anfertigung einer schriftlichen Reflexion oder eines Projektjournals.
Bei der Durchführung des Prüfungsgesprächs, das ja ein Gruppengespräch ist, bietet sich zur Gesprächsstrukturierung eine anfängliche Kartenabfrage an. Dazu bereiten die prüfenden Lehrer ähnliche Fragen vor, wie sie oben als Leitfragen für die Produkt-Präsentation aufgeführt sind. Die Schüler erhalten dann etwas Bedenkzeit um stichwortartige Gedanken zu ausgewählten Fragen aufzuschreiben. Dabei geht es nicht um absolute Vollständigkeit. Auf der Grundlage dieser Vorarbeit und Visualisierung lässt sich das anschließende Prüfungsgespräch leichter strukturieren. Außerdem fällt es so leichter, alle Schüler am Gespräch zu beteiligen.

5.2 Bewertung

Wir sind bereits ausführlich auf die theoretischen Grundlagen der Bewertung eingegangen, da die Vereinbarung von Bewertungskriterien zentraler Bestandteil der Zielbestimmung und Prozessplanung ist.
Bei diesen grundsätzlichen Überlegungen ging es im Kern um folgende Aspekte der Bewertung:

- Definition der Teilleistungen
- Gewichtung der Teilleistungen
- Transparenz der Bewertungskriterien
- Möglichkeiten der individuellen Leistungsbewertung
- Fragen der Beobachtbarkeit und Messbarkeit von Leistungen
- Die vier Dimensionen des kompetenzorientierten Lern- und Leistungsbegriffs

Bewertung des Produkts, der Präsentation und des Gesprächs

Die Gegenstände der Bewertung sind hier das **Produkt,** die **Präsentation** und das **Gespräch.** Wir fassen die grundlegenden Überlegungen zu den unterschiedlichen Bewertungsgegenständen nochmals thesenartig zusammen und bieten dazu verschiedene **Bewertungsbögen** bzw. **Protokollvorlagen** an (s. Anhang), denn wir gehen davon aus, dass der Vorgang der Bewertung durch die Verwendung von durchdachten Bewertungsbögen **transparent** und **praktikabel** gemacht werden kann. Der häufig beklagte „Bewertungsmarathon“ sollte dadurch leichter zu bewältigen sein.

Produkt

- Es zählt das Endresultat, nicht der Prozess.
- Im Idealfall wird das Produkt als Gruppenleistung bewertet.
- Das Produkt ist in seiner Gestalt (nach Inhalt und Form) bewertbar. Die Qualität ist am Maßstab der zuvor vereinbarten Bewertungskriterien zu messen.
- Das Produkt gibt keinen eindeutigen Aufschluss, darüber, wie intensiv die Schüler die angesprochene Thematik, ihr eigenes Handeln und die Funktion des Produktes individuell durchdrungen haben.
- Möglichkeiten der differenzierten Bewertung:
  - eindeutiges Ausweisen von individuellen Anteilen am Produkt
  - begründete Selbstbewertung durch die Schüler
  - individuelle, schriftliche Reflexion
  - Projektjournal
- Die Bewertung kann mithilfe eines Bewertungsbogens (s. Anhang, S. 144 ff.) erfolgen.

Präsentation

- Die Präsentation versteht sich nicht als bloße Vorführung des Produktes, sondern als eine Art „Verteidigung" (Disputation). Dies kann erfolgen als Präsentation oder in anderer Form (z. B. als Diskussion oder Rollenspiel).
- Die Präsentationsleistung wird individuell bewertet.
- Die individuelle Darstellungsleistung sowie die individuelle Sachkompetenz und Reflexionsfähigkeit stehen im Vordergrund.
- Die Bewertung kann mithilfe eines Bewertungsbogens (s. Anhang und Downloadlink, S. 18) erfolgen.

Gespräch

- Im Prüfungsgespräch geht es um die Vertiefung der Ergebnisse der Präsentation.
- Der Schwerpunkt liegt auf der Transferleistung, zudem sollen die Schüler ihre Fähigkeit zur kooperativen Gesprächsführung unter Beweis stellen.
- Diese Reflexionsleistung ist zu unterscheiden von der Abschlussreflexion der Projektarbeit.

Reflexion

6

Jedes Projekt muss im Anschluss evaluiert werden. Schließlich will man als Lehrkraft bei einer neuerlichen Durchführung nicht wieder die gleichen Fehler machen. Diese Evaluation kann auf unterschiedlichen Ebenen erfolgen, sollte zumindest aber Schüler und Eltern einbeziehen. Fragen dazu sollten folgende Themenbereiche ansprechen:

- Grad der Beteiligung der Eltern
- Angemessenheit des Zeitaufwands
- Probleme innerhalb der Projektgruppe
- Vor- und Nachteile von Projektarbeit allgemein
- Tipps und Verbesserungsvorschläge

Die unterschiedlichen Stufen von Projektarbeit bedürfen auch einer unterschiedlichen Reflexion des Nutzens.

Projektorientierung auf der Basis von Angeboten in Lehrwerken

Für die Evaluation derartiger Vorhaben genügt eine Auswertung im Rahmen einer Fachkonferenz, um zu vereinbaren, ob diese Kleinprojekte im Fachcurriculum implementiert werden. Ist dies angedacht, so müssen alle Informationen rechtzeitig vor Beginn der Projektphase allen beteiligten Lehrkräften zur Verfügung stehen. Was sich für Schüler als Projekt darstellt, sollte für die Lehrkräfte Routine sein.

Nutzung von Projekten durch externe Anbieter

Eine Evaluation dieser Projekte macht dann Sinn, wenn eine erneute Beteiligung der Schule erwünscht ist. Dabei kann es aber nur um eine Analyse der Rahmenbedingungen gehen. Da die externen Anbieter die Projektergebnisse miteinander in ein Verhältnis setzen und die Kriterien der Bewertung häufig nicht transparent sind, ist es müßig, aufgrund von Spekulationen zu untersuchen, warum das Projekt erfolgreich oder eben nicht erfolgreich war.

Schuleigene Projekte auf Fachebene

Diese Projekte müssen auf Fachebene evaluiert werden und sollten möglichst nach der Auswertung im Kollegium vorgestellt werden, so dass andere Fächer und nicht beteiligte Kollegen darüber nachdenken, ob diese Projekte eine Beteiligung ermöglichen.

Schuleigene Projekte auf fächer- und jahrgangsübergreifenden Ebenen
Eine Reflexion muss unbedingt im Rahmen von Gesamtkonferenzen erfolgen, da diese Projekte die Organisationsstrukturen der Schule betreffen. So kann es sein, dass Stundenpläne verändert werden mussten, Unterricht ausgefallen ist oder Klausuren und Arbeiten verschoben werden mussten. So steht vornehmlich die Frage im Raum, ob das Ergebnis und der Wert des Projektes, z. B. im Rahmen eines Schüleraustausches die Belastungen durch die veränderte Organisation aufwiegt.

Schulprojekte
Da jedes Schulprojekt für alle an Schule Beteiligten eine Innovation darstellt, müssen vor allem die Rahmenbedingungen beleuchtet werden. Die Planung und Durchführung eines Schulfestes anlässlich eines Jubiläums ist ein wiederkehrendes Projekt, die Beteiligten werden aufgrund der verstrichenen Zeit jedoch andere sein. Hilfreich ist es dennoch, wenn die Unterlagen so verwahrt werden, dass nach z. B. zehn Jahren wieder darauf zurückgegriffen werden kann. Ein schuleigenes Archiv, in dem Presseberichte, Informationen zu herausragenden Leistungen und Veranstaltungen etc. gesammelt werden, erleichtert den Planern des nächsten Jubiläums erheblich die Arbeit.

Projektprüfungen
Projektprüfungen müssen koordiniert und ausgewertet werden. Direkt im Anschluss an die durchgeführten Prüfungen müssen die vorliegenden Bewertungsbögen und Arbeitsvorlagen auf veränderte Bedingungen hin angepasst werden. Es hat sich gezeigt, dass dies besonders effektiv durch eine Arbeitsgruppe (drei bis vier Personen) geleistet werden kann, die die gesamte Koordination der Prüfungen übernimmt, so auch die Verantwortung für die Informationsveranstaltungen.
Abschließend legen wir Ihnen unsere *10 Regeln für Projektarbeit* (s. S. 143) vor. Anhand dieser Regeln kann produktive, handlungsorientierte, zielgerichtete, fächerübergreifende und auf der Basis von Gruppenarbeit organisierte Projektarbeit gelingen, die immer ein Produkt erzeugen sollte, das sinnlich erfahrbar ist und einen nachhaltigen Wert darstellt. Entscheidend ist jedoch immer, mit welchem Maß von Motivation Projekte angegangen werden. Eins sollte jedoch deutlich geworden sein: Traditioneller Fachunterricht ist sehr viel leichter zu organisieren, da man als Lehrkraft überwiegend als Ich-AG im Rahmen von vagen Vorgaben als Reproduktionsdompteur agiert. Schülerleistungen bleiben der Öffentlichkeit verborgen und

werden anhand von beliebig ausformulierten Aufgaben und Arbeitsanweisungen in schriftlicher Form und in bestimmten Zeitabständen abverlangt, die am Ende des Schuljahres zu einer Ziffer zusammengefasst werden. Das Produkt, das ein Schüler am Ende des Jahres als Zeugnis in der Hand hält, ist somit ein in der Gesamtschau nicht verifizierbares Ergebnis von voneinander unabhängigen Einzelleistungen.
Die Arbeit in Projekten hingegen gibt den Schülern die Sicherheit, innerhalb einer begrenzten Zeit mittels selbst gestellter Aufgaben etwas Wertvolles erarbeitet zu haben und dabei Teil eines Teams gewesen zu sein, das gemeinsam etwas er- oder geschaffen hat. Das Produkt ist öffentlich, die Qualität überprüfbar. Was also spricht dagegen, den zukünftigen Unterricht projektorientierter zu gestalten?
Unser Projekt, dieses Buch vorzulegen, ist abgeschlossen. Ein besonderer Dank gilt allen Schülerinnen und Schülern, allen Kolleginnen und Kollegen sowie den Schulleitungen, die direkt und indirekt daran mitgearbeitet haben.

Und denken Sie trotz aller guten Vorsätze daran:

> *Das Leben ist das, was passiert, während du dabei bist, andere Pläne zu schmieden.* (John Lennon)

Name: Klasse: Datum:

10 Regeln für Projektarbeit

1. Das Projekt ist ein handlungsorientiertes, innovatives, übergreifendes, mehrere Personen betreffendes und einmaliges Vorhaben.
2. Das Projekt hat ein Ziel, das in Inhalt, Ausmaß und Zeit eindeutig festgelegt ist.
3. Das Ergebnis des Projekts ist immer ein Produkt, das sinnlich erfahrbar ist und von den Schülern selbstständig erarbeitet wird.
4. Die für das Erreichen des Projektziels nötigen Lern- und Arbeitsmethoden sind den Schülern bekannt und bereits eingeübt.
5. Der Projektfortschritt wird anhand von zu erreichenden und gemeinsam festgelegten Meilensteinen überprüft.
6. Die Projektarbeit ist durch einen gemeinsam erarbeiteten und für alle Beteiligten immer sichtbaren Zeitplan strukturiert.
7. Alle Terminvereinbarungen werden unbedingt eingehalten.
8. Das Produkt wird einer Öffentlichkeit präsentiert.
9. Der Projektverlauf ist durch ein individuell angefertigtes Projektjournal dokumentiert.
10. Das abgeschlossene Projekt wird evaluiert und anschließend gebührend gefeiert

Anhang

Obwohl die Sammlung der folgenden Arbeitsbögen und Bewertungsformulare in der Praxis der Sekundarstufe I erprobt und erfolgreich eingesetzt wurde und wird, soll sie als Angebot verstanden werden, eigene und auf die Bedürfnisse der Schule hin angepasste Materialien zu entwickeln.

Sämtlichen Bewertungen liegen die Maßstäbe der Gymnasialen Oberstufe zugrunde.

15	14	13	12	11	10	09	08	07	06	05	04	03	02	01	00
1+	**1**	**1–**	**2+**	**2**	**2–**	**3+**	**3**	**3–**	**4+**	**4**	**4–**	**5+**	**5**	**5–**	**6**
≥95	≥ 90	≥85	≥80	≥75	≥70	≥65	≥60	≥55	≥50	≥45	≥40	≥34	≥27	≥20	≥00

Das vorliegende Bewertungsprinzip geht von einer vierteiligen Gewichtung aus: Drei Meilensteine (insgesamt 30 %), das Produkt (30 %), die Präsentation (30 %) und das abschließende Gespräch (10 %).

Name: Klasse: Datum:

Projektantrag Jahrgang _______ – 201__/201__

Gruppenmitglieder	
Thema	
Inhalt	
Ziel	
Produkt	
Konkretisierung, Arbeitsteilung der Gruppenmitglieder	
Zugeordnetes Fach	

______________________ ______________________

genehmigt von Datum, Unterschrift

Name: Klasse: Datum:

Projektstrukturplan

Projektprüfung Jahrgang ______ – 201__/201__

Gruppenmitglied/er: ____________________

Thema/Inhalt: ____________________

Produkt: ____________________

Unser Ziel:

Arbeitsschwerpunkt 1	*Arbeitsschwerpunkt 2*	*Arbeitsschwerpunkt 3*

Arbeitspakete Verantwortliche	**Arbeitspakete Verantwortliche**	**Arbeitspakete Verantwortliche**
1.	1.	1.
2.	2.	2.
3.	3.	3.

Name: Klasse: Datum:

Projekt – Terminplan

Projektprüfung Jahrgang ______ – 201__/201__

Gruppenmitglied/er: ______________________________

Thema/Inhalt: ______________________________

Produkt: ______________________________

September	

Oktober	

November	

Dezember	

Name: Klasse: Datum:

Ergebnisprotokoll

Projekt: ______________________________

Datum der Besprechung: ______________________________

Projektgruppe	
Anwesende	
Besprochene/s Thema/Themen	1. ____ ____ ____ 2. ____ ____ ____ 3. ____ ____ ____
Protokollführer/in	
Beginn	
Ende	

Ergebnis:

____

____

____

____

____

____

____

____

____

______________________________ ______________________________

genehmigt von Datum, Unterschrift

Name: Klasse: Datum:

1. Meilenstein: Projektstrukturplan und Zeitplan (10 %)

Projektprüfung Jahrgang ______ – 201__/201__

Gruppenmitglied/er: ______

Thema/Inhalt: ______

Produkt: ______

Projektstrukturplan 50 %

	Prozentwert	Sehr gut	Gut	Befriedigend	Ausreichend	Mangelhaft	Ungenügend	Punkte in %
Formale Kriterien (Name, Thema, Produkt)								
Zielformulierung angemessen								
Angemessenheit der Arbeitspakete								

Zeitplan 50%

	Prozentwert	Sehr gut	Gut	Befriedigend	Ausreichend	Mangelhaft	Ungenügend	Punkte in %
Formale Kriterien (Namen, Daten etc.)								
Stringenz der Projektentwicklung								
Ausgewogenheit der Aufgaben								

Punkte in % gesamt

15	14	13	12	11	10	09	08	07	06	05	04	03	02	01	00
1+	**1**	**1–**	**2+**	**2**	**2–**	**3+**	**3**	**3–**	**4+**	**4**	**4–**	**5+**	**5**	**5–**	**6**
≥95	≥90	≥85	≥80	≥75	≥70	≥65	≥60	≥55	≥50	≥45	≥40	≥34	≥27	≥20	≥00

Note: ______

Datum, Unterschrift

Name: Klasse: Datum:

2. Meilenstein: Inhaltliche Konkretisierung (10 %)

Projektprüfung Jahrgang ______ – 201__/201__

Gruppenmitglied/er: ______

Thema/Inhalt: ______

Produkt: ______

Inhalt ____ %

	Prozentwert	Sehr gut	Gut	Befriedigend	Ausreichend	Mangelhaft	Ungenügend	Punkte in %

Gestaltung ____ %

	Prozentwert	Sehr gut	Gut	Befriedigend	Ausreichend	Mangelhaft	Ungenügend	Punkte in %

Punkte in % gesamt

15	14	13	12	11	10	09	08	07	06	05	04	03	02	01	00
1+	**1**	**1–**	**2+**	**2**	**2–**	**3+**	**3**	**3–**	**4+**	**4**	**4–**	**5+**	**5**	**5–**	**6**
≥ 95	≥ 90	≥ 85	≥ 80	≥ 75	≥ 70	≥ 65	≥ 60	≥ 55	≥ 50	≥ 45	≥ 40	≥ 34	≥ 27	≥ 20	≥ 00

Note: ______

______
Datum, Unterschrift

Name: Klasse: Datum:

3. Meilenstein: Materialplan Präsentation

Projektprüfung Jahrgang _______ – 201__/201__

Gruppenmitglied/er: ______________________________

Thema/Inhalt: ______________________________

Produkt: ______________________________

Benötigte Materialien/Medien

Anzahl	Material/Medien	Muss bereitgestellt werden	Wird selbst organisiert

Name: Klasse: Datum:

3. Meilenstein: Ablauf der Präsentation (5 %)

Projektprüfung Jahrgang ______ – 201__/201__

Gruppenmitglied/er: ______

Thema/Inhalt: ______

Produkt: ______

Ablauf

Name: Klasse: Datum:

3. Meilenstein: Bewertungsbogen Bewertungskriterien/Präsentationsablauf (10 %)

Projektprüfung Jahrgang ______ – 201__/201__

Gruppenmitglied/er: ______

Thema/Inhalt: ______

Produkt: ______

Ablauf Präsentation 50 %

	Prozentwert	Sehr gut	Gut	Befriedigend	Ausreichend	Mangelhaft	Ungenügend	Punkte in %
Formale Kriterien (Name, Thema, Produkt)	10							
Vollständigkeit der Informationen	20							
Stringenz des Präsentationsverlaufs	20							

Kriterienkatalog 50 %

	Prozentwert	Sehr gut	Gut	Befriedigend	Ausreichend	Mangelhaft	Ungenügend	Punkte in %
Formale Kriterien (Name, Thema, Produkt)	10							
Stichhaltigkeit der Kriterien	20							
Angemessenheit der Kriterien	20							

Punkte in % gesamt

15	14	13	12	11	10	09	08	07	06	05	04	03	02	01	00
1+	**1**	**1–**	**2+**	**2**	**2–**	**3+**	**3**	**3–**	**4+**	**4**	**4–**	**5+**	**5**	**5–**	**6**
≥95	≥90	≥85	≥80	≥75	≥70	≥65	≥60	≥55	≥50	≥45	≥40	≥34	≥27	≥20	≥00

Note: ______

______
Datum, Unterschrift

Name: Klasse: Datum:

3. Meilenstein: Kriterien für eine Bewertung (5 %)

Projektprüfung Jahrgang ______ – 201__/201__

Gruppenmitglied/er: ______________________________

Thema/Inhalt: ______________________________

Produkt: ______________________________

Formale Kriterien

	Prozentwert	Sehr gut	Gut	Befriedigend	Ausreichend	Mangelhaft	Ungenügend	Punkte in %

Inhalt

	Prozentwert	Sehr gut	Gut	Befriedigend	Ausreichend	Mangelhaft	Ungenügend	Punkte in %

Gestalterische Elemente

	Prozentwert	Sehr gut	Gut	Befriedigend	Ausreichend	Mangelhaft	Ungenügend	Punkte in %
Gesamteindruck	100							

Note: ______________________________

____
Datum, Unterschrift

Name: Klasse: Datum:

Bewertungsbogen Ergebnisse Meilensteine (30 %)

Projektprüfung Jahrgang ______ – 201__/201__

Gruppenmitglied/er: ____________________

Thema ____________________

Meilenstein 1 (10%)

Abgabedatum	Inhalt	Bewertung

Meilenstein 2 (10%)

Abgabedatum	Inhalt	Bewertung

Meilenstein 3 (10%)

Abgabedatum	Inhalt	Bewertung

Gesamtergebnis Meilensteine

____

Datum, Unterschrift Projektlehrkraft

Name: Klasse: Datum:

Bewertungsbogen Produkt (30 %)

Projektprüfung Jahrgang _______ – 201__/201__

Gruppenmitglied/er: ____________________________

Thema/Inhalt: ____________________________

Produkt: ____________________________

Formale Kriterien 25%

	Prozentwert	Sehr gut	Gut	Befriedigend	Ausreichend	Mangelhaft	Ungenügend	Ergebnis in %
Formale Angaben (Name, Datum, etc.)								
Quellenangaben								
Zitierregeln								

Inhalt 50 %

	Prozentwert	Sehr gut	Gut	Befriedigend	Ausreichend	Mangelhaft	Ungenügend	Ergebnis in %
Stichhaltigkeit der Informationen								
Relevanz der Aussage								
Struktur/Aufbau								
Sprachliche Qualität								
Erkenntnisgewinn								

Gestalterische Elemente 25 %

	Prozentwert	Sehr gut	Gut	Befriedigend	Ausreichend	Mangelhaft	Ungenügend	Ergebnis in %
Kopplung Text – Abbildungen								
Qualität des Bildmaterials								
Künstlerische Umsetzung – Layout								
Gesamteindruck	100							

Note: ____________________

____
Datum, Unterschrift der prüfenden Lehrkräfte

Name: Klasse: Datum:

Bewertungsbogen Präsentation (30 %)

Projektprüfung Jahrgang ______ – 201__/201__

Gruppenmitglied/er: ______

Thema/Inhalt: ______

Produkt: ______

Datum: ______ Beginn: ______ Ende: ______

Inhalt		
Einstieg (max. 5 Punkte) ☐ fehlt ☐ vorhanden ☐ macht neugierig ☐ macht sehr neugierig	**Aufbau** (max. 10 Punkte) ☐ keine Ordnung ☐ roter Faden deutlich ☐ vielseitige Struktur ☐ komplexer Spannungsaufbau	**Länge** (max. 5 Punkte) ☐ zu kurz ☐ zu lang ☐ passend
Prägnanz (max. 8 Punkte) ☐ Wichtiges hervorgehoben ☐ nicht hervorgehoben ☐ hervorgehoben und wiederholt	**Verständnis** (max. 15 Punkte) ☐ unverständlich ☐ teils verständlich ☐ gut verständlich ☐ sehr gut verständlich	**Schluss** (max. 7 Punkte) ☐ nicht vorhanden ☐ zu plötzlich ☐ Zusammenfassung / eigene Meinung
Medieneinsatz (Plakat/Folie/PPT/Film)		
Formalien (max. 8 Punkte) ☐ kaum lesbar oder verständlich ☐ Formalien eingehalten ☐ Formalien eingehalten und kreativ umgesetzt	**Kreativität** (max. 10 Punkte) ☐ uninteressant ☐ wenig interessant ☐ interessant ☐ beeindruckend	**Ergänzungen** (max. 7 Punkte) ☐ unpassend ☐ passend ☐ bereichernd
Vortragstechnik I	1. Vortragende/r: ______	
Sprache I (max. 7 Punkte) ☐ undeutlich gesprochen ☐ deutlich gesprochen ☐ überzeugend gesprochen	**Sprache II** (max. 10 Punkte) ☐ abgelesen ☐ wenig abgelesen ☐ frei gesprochen	**Publikum** (max. 8 Punkte) ☐ kaum Blickkontakt ☐ häufig Blickkontakt ☐ Publikum durch G/M/P* einbezogen
Vortragstechnik I	2. Vortragende/r: ______	
Sprache I (max. 7 Punkte) ☐ undeutlich gesprochen ☐ deutlich gesprochen ☐ überzeugend gesprochen	**Sprache II** (max. 10 Punkte) ☐ abgelesen ☐ wenig abgelesen ☐ frei gesprochen	**Publikum** (max. 8 Punkte) ☐ kaum Blickkontakt ☐ häufig Blickkontakt ☐ Publikum durch G/M/P* einbezogen
Vortragstechnik I	3. Vortragende/r: ______	
Sprache I (max. 7 Punkte) ☐ undeutlich gesprochen ☐ deutlich gesprochen ☐ überzeugend gesprochen	**Sprache II** (max. 10 Punkte) ☐ abgelesen ☐ wenig abgelesen ☐ frei gesprochen	**Publikum** (max. 8 Punkte) ☐ kaum Blickkontakt ☐ häufig Blickkontakt ☐ Publikum durch G/M/P* einbezogen

*G/M/P = Gestik, Mimik, Proxemik

Punkte	Note	Punkte	Note	Punkte	Note

Name: Klasse: Datum:

Bewertungsbogen Gespräch (10 %)

Projektprüfung Jahrgang _______ – 201__/201__

Gruppenmitglied/er: ______________________________

Thema/Inhalt: ______________________________

Protokoll

Name	

Ergebnis

____

Datum, Unterschrift der prüfenden Lehrkräfte

Name: Klasse: Datum:

Ergebnis

Projektprüfung Jahrgang ______ – 201__/201__

Name: ____________________

Thema/Inhalt: ____________________

Produkt: ____________________

Teilprüfung 1	Ergebnis	Faktor 3	Endnote (Punkte/Note)
Meilensteine			

Teilprüfung 2	Ergebnis	Faktor 3	Endnote (Punkte/Note)
Produkt			

Teilprüfung 3	Ergebnis	Faktor 3	Endnote (Punkte/Note)
Präsentation			

Teilprüfung 4	Ergebnis	Faktor 1	Endnote (Punkte/Note)
Gespräch			

Summe (Punkte/Note)

Summe		Gesamtnote (Punkte/Note)
	: 10 =	

____
Datum

____
Unterschrift der prüfenden Lehrkräfte

Literatur

AXMANN, ALFONS / SCHERER, MANFRED (2008): Betrifft Methodentraining – 33 Trainingseinheiten. Bildungsverlag EINS: Troisdorf.

BASTIAN, JOHANNES (2007): Einführung in die Unterrichtsentwicklung. Weinheim und Basel.

BOHL, THORSTEN (2004): Prüfen und Bewerten im Offenen Unterricht. Weinheim und Basel.

DEWEY, J. / KILPATRICK, W. H. (1935): Der Projektplan – Grundlegung und Praxis. Herausgegeben von Peter Petersen. Weimar.

DORNBUSCH, RALF / FRICKE, CHRISTINE / SPEER-RAMLOW, VERENA (2008): Besser in der Abschlussprüfung 10. Klasse. Berlin.

DORNBUSCH, RALF / LIEDTKE, CLAUDIA / BAITZ, JESSICA (2015): Leichtathletik Laufen kompetenzorientiert – Kompakte Unterrichtsreihen Klasse 5–10. Berlin.

ENDLER, SUSANNA (2011): Projektmanagement in der Schule – Projekte erfolgreich planen und gestalten. Buxtehude.

FELTEN, MICHAEL (2012): Schluss mit dem Bildungsgerede – Eine Anstiftung zu pädagogischem Eigensinn. Gütersloh.

GESSLER, MICHAEL / UHLIG-SCHOENIAN, JÜRGEN (2013): Projektmanagement macht Schule – Selbstorganisiertes Lernen und Arbeiten mit Plan. Nürnberg.

GRUSCHKA, ANDREAS (2012): Verstehen lernen – Ein plädoyer für guten Unterricht. Stuttgart.

GUDJOHNS, HERBERT (2008): Handlungsorientiert lehren und lernen. Bad Heilbrunn.

GUDJONS, HERBERT (1986): Handbuch Gruppenunterricht. Weinheim und Basel.

HEUERMANN, A. / KRÜTZKAMP, M. (2003): Selbst-, Methoden- und Sozialkompetenz – Bausteine für die Sekundarstufe II. Berlin.

KLEIN, KERSTIN (2008): Lernen mit Projekten – In der Gruppe planen, durchführen, präsentieren. Mühlheim an der Ruhr.

KLIPPERT, HEINZ (1997): Methodentraining – Übungsbausteine für den Unterricht. Weinheim und Basel.

KOCHWASSER, KARIN / HORCHER, GERLINDE / KAISER, REBECCA (2015): Schüler üben Projektarbeit. Hamburg.

LIESSMANN, KONRAD PAUL (2014): Theorie der Unbildung – Die Irrtümer der Wissensgesellschaft. München.

MEYER, HILBERT (2008): Was ist guter Unterricht? Berlin.

MEYER, HILBERT (1987): Unterrichtsmethoden II: Praxisband. Frankfurt am Main.

NOHL, FLORIAN (2014): Der Projektunterricht. Hamburg.

OELKERS, JÜRGEN (2011) (Hrsg.): JOHN DEWEY: Demokratie und Erziehung – Eine Einleitung in die philosophische Pädagogik. Weinheim und Basel.

PARADIES, LIANE / WESTER, FRANZ / GREVING, JOHANNES (2014): Leistungsmessung und -bewertung. Berlin.

PRECHT, RICHARD DAVID (2013): Anna, die Schule und der liebe Gott – Der Verrat des Bildungssystems an unseren Kindern. München.

REALSCHULE ENGER (2005): Lernkompetenz I – Bausteine für eigenständiges Lernen 5./6. Schuljahr. Berlin.

REALSCHULE ENGER (2005): Lernkompetenz II – Bausteine für eigenständiges Lernen 7. bis 9. Schuljahr. Berlin.

REALSCHULE ENGER (2005): Lernkompetenz III – Bausteine für kooperatives und kommunikatives Lernen 5. bis 9. Schuljahr. Berlin.

STRUCK, PETER (1994): Neue Lehrer braucht das Land – Ein Plädoyer für eine zeitgemäße Schule. Darmstadt.

Internet

Berleb Media GmbH: Projektmagazin – Das Fachportal für Projektmanagement. www.projektmagazin.de (letzter Zugriff am 29.07.2015).

Truecare GmbH: Projektmanagementhandbuch – Das Online-Handbuch für Projektmanagement, http://www.projektmanagementhandbuch.de/projektplanung/projektphasen-und-meilensteine/ (letzter Zugriff am 30.07.2015).